KB171090

블록체인을 활용한 부동산 대체투자

블록체인을 활용한 부동산 대체투자

초판 1쇄 인쇄 2021년 08월 02일
초판 1쇄 발행 2021년 08월 09일

지은이 김성호, 백창원, 서권식, 윤보현, 윤성호, 정관영, 진욱재
펴낸이 류태연
편집 곽병완 | **디자인** 김현진 | **마케팅** 이재영

펴낸곳 렛츠북
주소 서울시 마포구 독막로3길 28-17, 3층(서교동)
등록 2015년 05월 15일 제2018-000065호
전화 070-4786-4823 **팩스** 070-7610-2823
이메일 letsbook2@naver.com **홈페이지** http://www.letsbook21.co.kr
블로그 https://blog.naver.com/letsbook2 **인스타그램** @letsbook2

ISBN 979-11-6054-480-0 13320

블록체인을 활용한 부동산 대체투자

김성호, 백창원, 서권식, 윤보현, 윤성호, 정관영, 진욱재 지음

추천사

서울대 산학협력단 지식재산전략실장

김 종 백

블록체인을 쉽게 표현하면, 모든 거래당사자 및 제3자(증인)가 거래를 영구적으로 기록할 수 있도록 도와주는 프로그래밍이다. 이런 성격의 블록체인이 부동산 거래에 활용될 수 있다면, 거래의 안전이 유지되면서 부동산 시장의 유동성이 획기적으로 개선될 것이다. 법률가 입장에서는 블록체인을 이용한 거래의 법적 효과에 대해 본격적인 논의가 필요한 시점이다. 따라서 이 책을 통해 법률가와 블록체인 전문가 등이 이런 논의를 진지하게 진행한 것은 매우 시의적절하다.

법률, 회계, 금융, 부동산, IT 등 전문 분야에서 상당 기간 역량을 축적해온 전문가들은 기존 경계를 허물고 협업을 해야만 시대적 변화에 보조를 맞출 수 있다. 로데이터가 이들을 위한 플랫폼을 제공하고 있는 것은 매우 고무적인데, 전문가들은 네트워크를 형성하여 프로젝트별로 유연하게 협업을 할 수 있는 플랫폼을 원하고 있기 때문이다.

이 책은 로데이터 전문가 협업 프로젝트의 산물이다. 기존 전문 영역의 장벽을 허물고 협업을 통해 블록체인과 부동산, 금융 거래의 접점을 찾게 된다면 부동산금융 시장의 수준이 여러 단계 상승할 것이다. 이 책이 그 초석을 마련하길 기대한다.

추천인 프로필

김종백은 서울대 경제학과 졸업 후 미국 코넬대에서 경제학 박사학위를 취득하였다. 이후 미국 뉴저지주 변호사 자격을 취득하여 미국 AT&T, 삼성전자, 삼정 KPMG와 국내 로펌에서 법률자문을 하였으며, 현재는 서울대 산학협력단 지식재산전략실장으로 근무하고 있다.

서문
부동산 시장은 새롭게 도약할 수 있는가?

서 권 식

대출(Debt)과 지분 투자(Equity)를 넘어선 블록체인 기반 투자 시대로

부동산 개발사업 주체(시행사)는 은행으로부터 돈을 빌리거나 투자자로부터 지분 투자를 받아 부동산 개발사업을 시행한다. 만약 돈을 너무 많이 빌리면 대출금 상환에 허덕이게 되고, 외부 지분투자로 인해 지분율이 낮아지면 경영권 분쟁이 발생할 수 있다. 시행사가 사업 성공을 위해 해결해야만 하는 과제들이다.

과연 외부 자금을 받으면서도 경영권을 안정적으로 유지할 수 있을까? 블록체인 기반 토큰(Token)을 이용해서 그 방안을 마련할 수 있다. 시행사가 외부 투자자와 투자약정을 체결하되, 블록체인 토큰을 지급한 후 정해진 투자약정에 따라 사업성과를 토큰 소지자와 공유하면 된다. 블록체인 토큰의 소지자는 블록체인 기술에 의해 정당한 투자자로 인정받는 데 아무런 문제가 없다. 투자자 입장에선 토큰을 제3자에게 매각하는 방식으로 투자금을 회수할 수 있는 장점이 있고 부동산의 유동성을 현저하게 높여 일반투자자의 부동산 투자를 촉진할 수 있게 된다.

시행사가 개발사업부지를 신탁한 후 사업을 진행하는 경우, 시행자는 투자자와 투자약정을 하는 대신 신탁계약상 수익권자 지위를 부여하는 방식으로 투자를 유치할 수 있다. 이 경우 수익권권자에게 블록체인 기반 토큰으로 그 지위를 양도할 수 있게 한다면, 부동산의 유동성이 대폭 증가할 수 있다. 이처럼 기존의 부동산 개발방식에 블록체인 기반 토큰을 도입하면 시행사는 건전한 재무구조를 유지하고 안정적인 경영권을 유지하면서 투자자 유치를 획기적으로 늘릴 수 있을 것이다.

구체적으로 하나의 사례를 보면, 시행사는 스마트 컨트랙트가 내재된 이더리움(EHT)을 기반으로 블록체인 토큰을 발행할 수 있는 플랫폼사와 제휴하여 다음과 같이 사업을 진행할 수 있다.

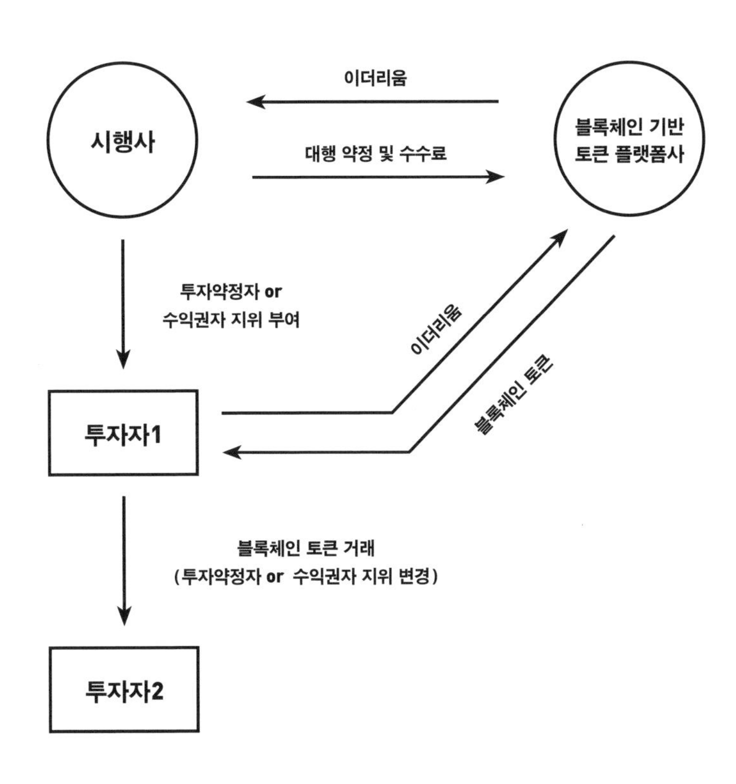

부동산의 증권화는 블록체인 기반 스마트 컨트랙트로 진화

지난 20여 년간 부동산의 증권화는 빠르게 진행됐다. 1997년에 발생한 외환위기 이후 정부는 부실채권의 조기 처리와 자산 디플레이션을 완화하기 위해 자산유동화 제도를 국내에 도입한 후 '자산유동화에 관한 법률'을 통하여 자산담보부증권(ABS: Asset Backed Securities) 제도를 도입하였고, '주택저당채권 유동화 회사법'을 제정하여 주택저당채권의 유동화(MBS: Mortgage Backed Securities)를 가능하게 하였다.

그런데 MBS, ABS는 부동산의 전반적인 유동화로 나아가지 못하는 한계를 가지고 있다. 이에 따라 정부는 미국의 REITs(Real Estate Investment Trusts) 제도를 근간으로 하는 부동산투자회사 제도를 2001년 7월 1일 도입하였다. 부동산투자회사법을 이때부터 시행한 것이다.

부동산투자회사는 주식발행을 통해 다수의 투자자들로부터 자금을 조달하여 부동산에 전문적으로 투자하는 일종의 부동산 간접투자기관으로, 이러한 부동산투자회사 제도의 도입으로 부동산시장과 자본시장의 판도에 큰 변화가 일어났다. 소액투자자도 대형건물의 지분을 취득하여 경제적 이익을 취할 수 있는 방법이 열린 것이다.

부동산투자회사는 실물시장인 부동산시장과 자본시장의 벽을 허물었다는 의미도 있다. 부동산시장에는 자본시장에서 쉽게 자금을 조달할 수 있는 수단이 제공된 것이고, 자본시장에는 그동안 직접 투자가 매우 불편했던 부동산이 투자상품으로 제공된 것이다. 아울러 부동산투자회사가 유가증권시장에 상장되면 투자자는 부동산투자회사의 주식을 거래하는 방식을 통해 편리하게 투자금을 회수할 수 있다.

이 당시 부동산투자회사법은 건설교통부(현재는 국토교통부로 명칭 변경됨) 소관이었다. 이에 뒤질세라, 자본시장을 담당하는 정부부처도 간접투자자산운용업법을 2004년 1월 4일 시행하면서 부동산 간접투자기구를 도입하였고 이후 2009년 자본시장 및 금융투자업에 관한 법률(이하 '자본시장법'이라 함)로 확대 개편하여 부동산 집합투자기구(일반인들에게 '부동산펀드'로 인식됨)를 도입하였다.

이러한 제도 도입으로 인해 거래규모가 크고 환금성이 낮은 부동산 투자의 단점이 상당히 보완되었고 부동산업계의 전문화, 대형화 및 선진화를 촉진하는 계기도 되었지만, 대형 금융회사가 부동산펀드를 조성하여 대형 부동산 개발사업을 하는 일도 빈번하게 발생하고 있다. 부동산투자회사가 처음 도입할 당시에 비하면 비약적으로 부동산 시장이 발전하게 된 것이다. 지난 20여 년 동안 광화문이나 강남, 여의도에 수많은 대형 건물이 들어서는 데 부동산투자회사 또는 부동산펀드가 상당히 기여했다.

그럼에도 일반 투자자 입장에서 부동산 투자는 불편하다는 인식을 지울 수 없다. 부동산투자회사나 부동산펀드를 통해 부동산 시장의 증권화가 이루어졌으나, 모든 부동산을 주식 시장을 통해 거래하는 것이 가능한 것은 아니다. 투자자가 원하는 시점에 부동산(정확히 표현하면 '부동산에 대한 투자이익 배분권 또는 수익권'을 의미함)을 편리하게 사고파는 것은 아직도 매우 불편하다. 부동산의 증권화로 자본시장에 편입된 부동산 시장이 다시 한 단계 도약하려면 새로운 제도 도입이 요구되는 상황이며, 블록체인 기반 토큰을 이용한 부동산의 스마트 컨트랙트 거래가 해답이 될 수 있다.

부동산투자회사, 부동산펀드 또는 부동산개발시행사에 투자한 투자자가 블록체인 기반 토큰을 이용해서 자유롭게 부동산에 대한 투자약정자 지위 내지 수익권자 지위를 거래 또는 변경할 수 있다면, 일반 주식거래 못지않게 편리할 것이다. 어떤 면에서는 주식거래보다도 더 간편할 수도 있다.

예컨대, 부동산개발시행사가 부동산 개발사업에 참여하고자 하는 투자자로부터 돈을 모아서 개발 부지를 매입했다고 가정해보자. 개발사업은 오랜 기간이 소요되므로 중간에 투자금을 회수하고자 하는 투자자가 반드시 있을 것이다. 이때 시행사 입장에서 투자자가 중간에 투자금을 회수할 수 있는 제도적 장치를 마련한다면 투자자를 확보하는 데 매우 유리할 것이다. 이는 아래 프로세스에 의하면 가능하다.

① 시행사(또는 부동산펀드)는 개발부지 및 기타 신탁재산 일체를 수탁자에게 신탁한다.

② 시행사는 투자자에게 투자약정자 지위 또는 수익권자 지위를 부여함과 동시에 수익 배분권에 연계된 블록체인 기반 토큰을 발행하여 투자자에게 제공한다. 다만, 시행사가 직접 발행하는 것보다는 전술한 바와 같이 플랫폼사를 활용할 수 있다.

③ 투자자는 컴퓨터시스템에 내재된 스마트 컨트랙트(Smart Contract)를 통해 토큰을 자유롭게 거래한다. 투자금은 원하는 시점에 회수할 수 있다.

④ 시행사는 신탁계약 종료 시점(부동산펀드의 경우 펀드청산 시점 또는 기타 정해진 시점)에 토큰을 보유한 자를 최종 투자약정자 또는 수익권자로 변경한다. 투자약정계약이나 신탁계약에 이와 관련된 사항이 정확히 규정되어 있기 때문에 법적으로 문제가 없으며 시행사는 토큰을 보유한 자에게 부동산 수익을 배분한다.

블록체인 기반 스마트 컨트랙트 거래는 가장 안전한 거래방식이 될 것이다

거래당사자 간 분쟁은 제3자가 거래를 목격하고 기록하는 것이 불가능한 데서 비롯된다. 그런데 블록체인을 이용하면 모든 거래가 기록되므로 거래의 불연속성 내지 분쟁 가능성이 차단된다. 블록체인은 모든 거래당사자 및 제3자(증인)가 거래를 영구적으로 기록할 수 있도록 도와주는 프로그래밍이기 때문이다. 부동산 수익권자 지위 내지 투자약정자 지위를 블록체인 기반 토큰을 이용하여 거래할 경우 토큰 보유자가 법적 분쟁 없이 정해진 시점에 수익권자 또는 투자약정자로 변경될 수 있다. 또한, 프로그램에 내재된 스마트 컨트랙트를 통해 투자약정자 지위 또는 수익권자 지위 거래가 체결과 동시에 이행되므로 계약위반의 문제가 발생하지 않는다. 가장 안전하게 부동산 투자약정자 지위 또는 수익권자 지위를 거래하는 방식이 되는 것이다. 투자자 입장에서는 매우 간편하면서도 안전하게 부동산 투자약정자 지위 또는 수익권자 지위를 거래할 수 있다. 이로 인해 부동산투자가 기하급수적으로 늘어날 수 있고 국내 부동산투자를 넘어 해외부동산 투자도 촉진시키는 계기가 될 것이다. 부동산 펀드나 시행사가 해외에서 부동산을 구입하거나 개발할 경우 투자자 유치가 매우 편리하기 때문이다. 해외에서는 이미 토큰을 이용한 부동산 투자자 유치가 빈번하게 이루어지고 있다.

부동산 토큰화의 대전제, 스마트 컨트랙트

부동산 토큰화에는 블록체인 기술을 활용한 스마트 컨트랙트가 요구되는데, 부동산 투자약정자 지위 또는 수익권자 지위를 토큰화하여 유동화하는 과정에 스마트 컨트랙트가 필요한 이유는 다음과 같다.

통상 스마트 컨트랙트는 Automated Self-enforced Agreements 즉 '자동화된 자체 이행계약'이라고 불린다. 이것을 풀어서 설명하면 계약 당사자가 알고리즘을 활용해 계약의 내용과 조건을 미리 설정하고, 조건 성취 여부는 인간이 아닌 컴퓨터가 판단하여, 조건 성취 시 블록체인 플랫폼에 기재된 자산에 관하여 계약 내용이 자동으로 이행되도록 하는 것을 말한다. 그리고 블록체인과 스마트 컨트랙트의 이런 특징이 부동산 토큰화와 맞물려 자산 유동화를 위한 찰떡궁합을 과시하게 된다.

주지하다시피 자산 유동화의 핵심은 '안전하고 신속한 거래'에 있다. 어떠한 자산을 안전하고 신속하게 거래되게 하기 위해서는 거래 내용이 조작되지 않아야 하고 이행이 확실하게 보장되어야 한다. 그런데 블록체인과 스마트 컨트랙트의 '불변성(Immutability)'과 '자동실행성(Self-execution)'은 거래 내용 조작과 계약불이행을 방지하여 안전하고 신속한 거래를 보장하는 데 기여한다. 하긴, 불변성이 보장되지 않으면 일반 클라우드 컴퓨팅 서비스보다 불편한 블록체인 기술을 이용할 이유가 없고, 자동실행성이 보장되지 않으면 계약 불이행의 위험을 감축하거나 거래비용을 절감할 수 없으므로 스마트 컨트랙트를 이용할 이유가 없을 것이다. 이 점에서 부동산 토큰화는 기존의 리츠(REITs)와 비교하여 차별성을 갖는다. 블록체인 기술을 활용한 불변성과 자동실행성이 불이행 문제를 획기적으로 줄여 거래비용을 절감할 수 있기 때문이다.

하지만 스마트 컨트랙트라고 해서 완벽한 건 아니다. 아직까지 스마트 컨트랙트에 자동실행성을 보장할 수 있는 계약 조건을 전부 입력하는 것은 어렵다. 일반적으로 전통적인 계약은 인간이 만든 추상적이고 모호한 자연어로 구성되는 반면, 스마트 컨트랙트는 구체적이고 명확한 프로그래밍 언어로 구성된다. 현실에서 계약의 이행을 둘러싸고 벌어지는 쟁점은 너무나 다양하기 때문에, 전통적인 계약은 추상적인 자연어를 사용하여 거래의 융통성과 분쟁해결의 구체적 타당성을 도모해왔다. 하지만 스마트 컨트랙트는 기계어만을 이해하는 컴퓨터와 자연어를 구사하는 인간 사이의 의사소통 수단인 프로그래밍 언어로 작성되므로, 전통적인 계약 언어의 추상성과 모호함을 수용하는 데 한계가 있다. 자연어와 프로그래밍 언어 사이의 이런 갭(Gap)은 스마트 컨트랙트가 전통적인 계약을 대체하는 데 걸림돌로 작용한다.

따라서 법률가들은 부동산 토큰화에 관한 카운슬링을 진행함에 있어 위와 같은 스마트 컨트랙트의 장단점을 충분히 이해하고 고려해야 한다. 이는 법률가 혼자 할 수 있는 일이 아니며, 컴퓨터공학 전문가, 부동산 전문가와의 콜라보레이션이 필수불가결하다. 법률가와 컴퓨터공학자는 자연어와 프로그래밍 언어와의 갭을 줄이고, 부동산 토큰화 과정에서 스마트 컨트랙트의 자동실행성이 적합한 영역과 그렇지 않은 영역을 분별해 주어야 한다. 때는 무르익었다.

부동산 토큰(부동산 디지털 유동화 증권: DABS) 플랫폼의 시대가 열리다

최근에는 국내 핀테크 업체들도 부동산 토큰을 통한 플랫폼 시장을 시도하고 있다. 핀테크 업체인 카사코리아 등이 특정 부동산을 기초자산으로 하여 부동산신탁방식을 통한 부동산 토큰화를 추진하는 방법으로 사업을 추진하고 있는 것이 대표적이다. 부동산에 대한 수익증권을 지분화하여 블록체인 토큰 형태로 발행되면 누구든지 토큰 거래 플랫폼을 통해 빌딩 등 부동산을 주식처럼 매매할 수 있고 이것이 활성화된다면 부동산금융시장의 급속한 성장을 가져올 수 있는 큰 흐름이 될 것이다.

그러나 현행법에서 이러한 증권형 부동산 토큰 거래 플랫폼이 가능하기 위해선 몇 가지 걸림돌이 있다. 우선 자본시장법에 따르면 신탁부동산에 대한 수익증권 발행이 허용되기 어려운 부분이 있다. 그리고 그러한 수익증권이 디지털 증권으로 전환할 수 있는지 역시도 법적 근거가 명확하지 않다. 또한, 이렇게 발행된 부동산 토큰을 플랫폼에서 유통시키기 위해서는 거래소가 필요하고 주식거래소와 같은 허가가 필요한지도 의문이 있을 수 있다.

다행히도 규제로 인한 신사업의 성장이 저해되지 않게 국내에서는 2019년부터 규제 샌드박스 제도가 도입되었고 금융위원회에서는 이를 근거로 '부동산 수익증권 유통 플랫폼'에 대한 관련 법적 규제를 한시적으로 적용하지 않기로 결정하였다. 따라서 부동산 수익증권 유통 플랫폼 사업을 준비하고 있는 기업들은 이러한 샌드박스 제도를 충분히 활용할 필요가 있다. 실제 부동산 토큰에 관한 혁신적이고 다양한 플랫폼 서비스가 출시되고 있지만, 이러한 서비스들이 현행법에 의하여 가능한 것인지, 디지털 부동산 토큰의 법적 실체가 무엇인지, 앞으로 정부의 규제방안은 어떻게 될 것인지에 대하여 충분한 검토가 필요한 시점이다.

이런 취지에서 블록체인, 법률, 부동산전문가가 상당 시간 충분히 협의를 해보았다. 사인 간 투자 약정 내지 신탁 계약을 매우 치밀하게 구성하면서 블록체인 기술을 접목시킨다면 금융감독당국의 규제 여부와 상관없이 부동산 투자를 안전하게 활성화시킬 수 있다는 결론에 도달했다.

다양한 분야 전문가가 심도 있는 논의를 거쳐 의견을 모으다

부동산의 디지털화는 부동산 증권화와 결합하여 부동산 시장을 새롭게 비약시킬 수 있을 것이며 블록체인 토큰에 내재된 스마트 컨트랙트(Smart Contract)는 기래의 인정성을 딤보해줄 것이다.

부동산 수익권자 지위 또는 투자약정자 지위를 블록체인 기반 코인과 스마트 컨트랙트를 통해 안전하고 편리하게 거래할 수 있게 되었다. 부동산 증권화로 인해 대형화, 전문화된 부동산 시장이 다시 한번 새롭게 도약할 수 있는 시기가 왔으므로 우리는 아래 질문에 구체적으로 답하면서 블록체인에 기반한 부동산 시장의 변모를 확인하고자 한다.

블록체인은 무엇인가?

부동산 토큰화를 구현하기 위한 스마트 컨트랙트의 과제와 그 해법은 무엇인가?

토큰 도입 전 부동산 수익권 지위 양도는 어떻게 이루어지고 있나?

디지털 부동산 토큰의 법적인 실체가 무엇이고, 이와 관련된 현행 법령의 규제는 어떠한가?

향후 정부는 부동산 토큰화를 어떻게 규제할 것인가?

미국의 STO 규제는 어떤 방식으로 흘러가는가?

BITCOIN DIGITAL DECENTRALIZED PEER TO PEER

차례

제1장

블록체인이란 무엇인가?

김성호

1. 블록체인은 기반 기술이다

2017년 1월 하버드 비즈니스 리뷰에서 Marco Iansiti와 Karim Lakhani는 기고문에서 블록체인에 대해 아래와 같이 정의한다(Marco & Karim, 2017).

계약, 거래 및 기록은 우리의 경제, 법률 및 정치 시스템에 있어 구조를 정의하는 것들 중 하나이다. 이들은 자산을 보호하고 조직의 경계를 설정한다. 그것들은 정체성과 사건의 연대기를 확립하고 검증한다. 그들은 국가, 조직, 지역 사회, 그리고 개인 간의 상호 작용을 규율한다. 그들은 관리와 사회적인 활동을 안내한다. 그러나 아직 이를 관리하기 위해 형성된 중요한 도구와 관료 체제는 경제의 디지털 전환을 따라잡지 못했다. 마치 F1 경주용 자동차를 혼잡한 출퇴근 시간에 타는 것과 같다. 디지털 세상에서 우리가 그들을 관리하고 제어하는 방식이 바뀌어야 한다.
블록체인은 이 문제를 해결할 것을 약속한다. 비트코인과 기타 가상 통화의 핵심 기술인 블록체인은 두 당사자 간의 트랜잭션을 효율적으로 검증 가능하며 영구적인 방식으로 기록할 수 있는 개방형 분산원장이다. 또한, 장부 자체가 트랜잭션을 자동으로 수행하도록 프로그래밍할 수도 있다.

또한, 그들은 블록체인이 기반 기술이며 그것은 우리의 경제와 사회 체계를 위한 새로운 기반을 창조할 가능성으로 가지고 있다고 언급하였다(Ephraim, 2018). 때로는 블록체인이 전체 공급망에 걸쳐 보다 더 가시성과 효율성을 높여, 고객 및 거래 관계자에게 더 높은 가치를 제공한다고 주장하거나(Anon, 2018) 부동산의 소유권을 추적하거나(Steve, 2017) 사물의 인터넷에 혁명을 일으킬 수 있다고 주장한다(Jason, 2017).

명시적으로 블록체인에 대한 설명은 없으나 암호화폐의 블록체인은 잘 알려져 있다. 사토시 나카모토가 쓴 것처럼, 그들은 '신뢰에 의존하지 않는 전자 거래'를 하는 데 필요하며 거래에 대한 불변의 완전한 기록 공개는 암호화폐의 설계 목표가 아니다(Nakamoto, 2008). 이에 대하여 나카모토는 "신뢰할 수 있는 당사자 없이 이를 달성하기 위해 거래는 공개되어야 한다."라고 썼다(Dai, 1998).

우리는 블록체인을 어떻게 정의해야 할까? IEEE Life Fellow인 Ephraim Feig은 다음과 같이 블록체인과 블록체인 네트워크를 정의한다(Ephraim, 2018).

블록체인은 첫 번째 블록이 아닌 다른 블록이 이전 블록에 암호화되어 연결되어 있는 데이터 블록의 시퀀스이다.
블록체인 네트워크는 피어가 블록체인을 사용하여 공통의 목표를 달성하기 위해 협업하는 P2P 네트워크이다.

암호화 해시로 데이터 블록을 체인으로 연결하는 아이디어는 1970년대 후반부터 존재했다(암호화 해시에 대해서는 나중에 토큰화 섹션에서 다시 언급할 것이다). Ralph Merkle의 특허가 인정된 1982년까지 암호화 프로토콜은 진화한다(Ralph, 1980). 그의 이름을 따서 명명된 데이터 구조, 머클트리(Merkle Tree)는 P2P 시스템에서 모든 피어가 동일한 데이터를 공유하는 데 필요한 유틸리티가 되었다.

2. 블록체인에서 비트코인으로 진화

비트코인 이전의 암호화폐의 역사에 대해서, J. Bonneau 등이 그들의 리뷰 논문에 요약 발표하였다(Bonneau, et al., 2015).

내용을 요약하면, 암호화폐는 블라인드 서명된 코인의 형태로 은행이 발행한 현금을 포함하는 시스템인 1982년 Chaum의 '추적 불가능한 지불'에 대한 제안(Chaum, 1982)으로 거슬러 올라간다. 블라인드 서명은 은행이 사용자가 코인에 연결되는 것을 방지하여 현금과 같이 연결해제 기능을 제공하고 1990년대에 전반에 걸쳐 구매 당시 온라인상에 있을 은행의 필요성을 없앰으로써 동전을 더 작은 단위로 나누는 등의 많은 변화와 확장이 제안되었다(Okamoto & Ohta, 1992). DigiCash 및 PepperCoin은 전자 현금 프로토콜을 실행하려 하였으나 시장에서는 실패했다.

Proof-of-Work(POW) 퍼즐은 이메일 스팸 퇴치를 위해 1990년 초반에 제안되었으며(Dwork & Naor, 1992) 그 후 공정한 복권에 대한 제안서를(Goldschlag & Stubblebine, 1998) 포함하여, 소액 결세에 내한 동전을 주조하는 등 다른 응용 프로그램이 따랐다. POW는 또한 분산된 P2P 합의 프로토콜의 노드를 검출하기 위하여(Aspnes, et al., 2005) 사용되었다.

비트코인의 필수 요소인 공개 원장은 이중 지출을 감지할 수 있게 한다. 1990년대 후반에 감사 가능한 전자현금(Sander, et al., 2001)이 제안되었고, 은행은 이중 지출을 감지하고 코인의 타당성을 보장하기 위해 공개 데이터베이스를 유지했다. B-머니(Dai, 1998)는 1998년에 제안된, 모든 거래가 공개적이며 익명으로 전송되는 첫 번째 시스템으로 등장한다.

1990년대 초반에 제안된 스마트 컨트랙트(Szabo, 1997)는 당사자가 비트코인의 스크립팅 역량을 사용하여 공식적으로 암호로 시행 가능한 계약을 정식으로 지정할 수 있도록 했다.

2008년에 비트코인이 발표되었다. 그리고 사이버펑크(Cypherpunks) 메일링 리스트에 필자 이름이 Satoshi Nakamoto로 붙여진 백서가(Nakamoto, 2008) 게시되었으며, 참조 클라이언트가 빠르게 뒤따랐다. 비트코인의 제네시스 블록은 2009년 1월 3일에 채굴되었다. 비트코인을 통화로 처음 사용한 것은 2010년 5월에 한 사용자가 1만 비트코인을 대가로 다른 사람에게 피자 배달을 주문했다. 그 이후로, 비트코인을 채택한 가맹점과 서비스가 증가하고 있다.

비트코인의 기술적 측면을 아래에 간단히 요약한다.

비트코인의 블록은 약 10분마다 생성되어 체인에 연결되며 각 블록은 타임 스탬프, Nounce, 이전 블록의 해시값과 트랜잭션 내용으로 구성된다. 타임 스탬프는 블록이 생성된 시간을 의미하며, 이는 또한 해킹 방지용으로 사용된다. Nounce는 SHA256 알고리즘으로 생성되며 4바이트 크기를 가지며 해시값을 조정하는 데 사용된다.

비트코인은 가장 좋은 샘플의 하나이지만 Turing 불완전성, 가치 실명 및 검증 시간과 같은 단점이 있다. Turing 불완전성은 단순히 명령의 반복을 수행하는 컴퓨터 명령어인 for 및 while 문을 사용할 수 없다는 것이다. 비트코인에는 스크립트도 가지고 있지만, 간단한 명령만 실행할 수 있는 OPCODE가 장착되어 있다. 또한, 이러한 반복 명령을 포함하지 않기 때문에 DDOS 공격[1]을 방지할 수 있는 이점이 있다.

비트코인을 통화로 본다면 그 가치를 알아야 한다. 예를 들어, 달러를 비트코인으로 변환한 다음 30일 후에 비트코인을 다시 달러로 변환하려고 하면 비트코인에 해당하는 달러 가격을 알아야 하지만 알기 쉬운 방법이 없다. 즉, 가치 실명(Value Blindness) 상태인 것이다.

위에서 설명한 바와 같이, 비트코인의 경우, 하나의 블록을 생성하는데 약 10분이 소요되며 블록이 만들어지면 이를 확인하고 검증 횟수가 증가함에 따라 트랜잭션의 크레딧도 증가한다. 이는 10번의 검증이 3번의 검증보다 더 신뢰할 수 있다는 것을 의미한다. 사람들은 큰 거래에 대해 한 시간 정도 기다릴 수 있지만, 커피 한잔 구매에 한 시간을 기다려야 하는 것에는 익숙하지 않다. 거래 종결을 위한 시간은 비트코인뿐만 아니라 모든 암호화폐의 단점이다(Garay, et al., 2017).

1 DDOS: 분산 서비스 거부

3. 2세대 암호화폐: 이더리움(Ethereum)

가장 성공적인 블록체인 기술 중 하나는 이더리움이다. 이더리움은 Vitalik Buterin에 의해 2013년에 제안되어(Buterin, 2013) 2015년 중반에 처음 공개된 후 단기간에 두 번째로 큰 암호화폐가 되어 많은 찬사를 받았다. 이더리움의 경우, 한 블록은 약 12.4초에 생성되며 비트코인과 달리 스마트 콘트랙트는 이더리움의 성공에 큰 영향을 끼쳤는데, 1994년 암호학자 Nick Szabo가 블록체인에 처음 제안한 스마트 콘트랙트(Szabo, 1997)를 통합함으로써, 이더리움은 Turing 완전 컴퓨팅 기능과 기본 트랜잭션 기록 기능 등을 사용하여 프로그램을 실행할 수 있는 환경을 제공한다.

그러나 이더리움은 도입된 지 3년이 채 되지 않아 엄청난 성공을 거두었어도 DAO 공격, OPCODE 계산, DDOS 공격 등을 받았고 다른 블록체인과 비교하여 복잡한 구조로 인해 많은 공격을 받고 있다.

이더리움의 경우, A에서 B로의 트랜잭션을 기록하는 것뿐만 아니라, 비트코인의 단점을 보완하면서 컴퓨팅 기능을 추가하는 것이 중요하다. 이더리움 개발자는 이더리움을 Turing Complete 프로그래밍 언어(Buterin, 2013)로 정의한다. 즉, 블록체인에서 프로그램을 구현하거나 실행할 수 있는 속성이 있으므로 비트코인보다 더 복잡한 구조를 가지고 있다.

이더리움에도 비트코인의 지갑과 동일한 개념이 있으나, 비트코인과 달리 외부 소유 계정(Externally Owned Account)과 계약 계정(Contract

Account)의 두 가지 종류가 있다. EOA[2]는 비트코인의 코인과 같은 개념이며 주소가 존재하고 이더리움의 통화 단위인 이더(Ether)가 포함된다. 퍼블릭과 프라이빗 키는 ECDSA[3] 기반으로 만들어지며, CA[4]는 자산의 계정 중 하나이다. 일반적으로, EOA는 사용자의 지갑으로 사용되지만, CA는 블록체인 내에 존재하며 코드를 포함할 수 있으며 블록체인 외부 또는 내부에서 코드를 실행할 수 있고 데이터를 저장할 수 있으며 다른 EOA와 마찬가지로 이더를 보유할 수 있다는 몇 가지 특징이 있다.

이더리움 블록체인에는 EVM, 이더리움 가상 머신이 있다. 이더리움은 실제로 Solidity 및 Serpent와 같은 프로그래밍 언어가 있으며, 해당 언어를 사용하여 프로그램을 구현할 수 있는데, 프로그램을 컴파일한 후 변환되는 바이트 코드에 해당하는 연산 코드가 있다. 이더리움에서 또 다른 흥미로운 것은 Turing Complete 컴퓨팅 기능이다. 앞서 언급했듯이, while(1) {}와 같은 코드를 실행함으로써 DDoS 공격을 감행할 수 있으며 블록체인의 특성으로 인해 참여 마이너는 코드를 확인하고 실행한다. 이에 따라 위 코드에 참여하는 모든 머신에서 실행될 때 블록체인 자체가 마비될 수 있다.

이 문제를 해결하기 위해 가스의 개념이 있으며 연산 코드당 가스 가격이 있기 때문에 먼저 코드를 실행할 때 가스의 양을 설정해야 한다. 예를 들어, 10000 가스로 프로그램을 실행하였다면, 가스가 부족할

2 EOA: 외부 소유 계정
3 ECDSA: 타원 곡선 디지털 서명 알고리즘
4 CA: 계약 계정

때 코드를 실행할 수 없으므로 while(1) {}와 같은 코드를 실행하려면 천문학적 또는 무한한 양의 이더를 소비해야 한다.

블록체인은 거의 불변이고 영구적이기 때문에 일반적인 분산원장이 아닌 이더리움과 같은 블록체인에서 프로그램을 실행할 수 있다면 많은 이점을 얻을 수 있다. 먼저, 이더리움에서 코드를 신뢰할 수 있다. 일반 서버에서 작동하는 코드는 실제 서버에서 진행 중인 작업을 정확히 알 수 없고 실행될 모든 코드와 단계가 블록체인 참가자에게 표시되면, 사용자는 서비스를 신뢰할 수 있게 된다. 두 번째로 저장된 코드와 데이터는 '거의' 영구적으로 남아 있으며 이런 이유로 변조되지 않아야 하는 데이터의 영구 저장 장치로 사용될 수 있다. 이처럼 이더리움 블록체인에서 실행되는 프로그램을 분산응용프로그램 또는 DApp이라고 하며 이더리움 생태계는 현재 분권화된 애플리케이션을 구축하기 위해 훌륭한 문서와 사용자 친화적인 인터페이스, 빠른 개발 시간, 작은 응용 프로그램을 위한 보안 기능 및 이더리움 블록체인 상에서 개발된 응용 프로그램의 기능이 서로 쉽게 상호작용할 수 있는 최적의 장소이다.

4. 기타 블록체인과 암호화폐

지금까지 이더리움의 드라마틱한 특성에 대해 많은 관심이 집중되었지만, 이더리움 이외에도 많은 블록체인 기술이 개발되고 있다. 간단히 여기서 하이퍼렛저(Hyperledger), R3CEV's Corda, ZCash에 대해 간략히 논의하겠다.

하이퍼렛저는 리눅스 재단에서 2015년 12월에 시작되었고 퍼블릭 블록체인으로서 사용되지만 분명한 한계가 있다. 예를 들어, 특정 사용자에게만 사용 가능한 블록체인과 누구나 사용할 수 있는 퍼블릭 블록체인은 완전히 다르기 때문에, 많은 기존의 퍼블릭 블록체인의 한계를 보완하기 위하여 하이퍼렛저가 만들어졌다. 하이퍼렛저에는 여러 프로젝트가 있고 실시간으로 민감한 서비스 문제를 해결하기 위하여 실시간 대용량 거래를 처리할 수 있는 안정적인 시스템 개발과 컨소시엄 유형의 블록체인 구축 등 다양한 프로젝트를 진행하고 있으며 IBM, 인텔 및 VMware, JP모건 및 BNY Mellon과 같은 금융회사 및 은행도 참여하고 있다.

화폐가 아닌 응용 프로그램으로서 하이퍼렛저 블록체인은 표준 신뢰 모델을 준수하여 더욱 발전되었다. 허가형 블록체인은 참가자가 초대 또는 참여 권한을 얻어야 하는 기업용 응용 프로그램을 위하여 제안되었다. 접근 통제 메커니즘은 다양한데, 기존 참가자는 미래 참가자를 결정할 수 있고 규제 기관은 참여를 위한 라이선스를 발행할 수 있으며 그렇지 않으면 컨소시엄이 결정을 대신할 수 있다. 또한, 신뢰 회피 시스템에서 더욱 나아가 허가형뿐만이 아닌 블록체인을 볼 수 있는 사람까지 제한하는 프라이빗 네트워크도 가지고 있다.

R3CEV는 현재 가장 큰 금융 부문 블록체인 컨소시엄으로 도이치뱅크, 노무라, 바클레이, 크레딧스위스 및 50개 이상의 기업이 참여하고 있다. 이는 블록체인을 사용하여 금융 부문에서 요구되는 복잡한 거래 및 기능을 단순화하기 위해 만들어졌으며 이 목적을 달성하기 위해

Corda라는 프로젝트의 소스가 공개되었다.

Zcash는 2016년 10월에 출시된 암호화폐이다. 기존 비트코인 또는 이더리움과는 다른 기능을 가지고 있는데, 기존 퍼블릭 블록체인은 익명성을 보장한다고 주장하지만, 누가 계정을 만들었는지 알 수 없으며, 블록체인의 거래 내역을 완전히 식별할 수 있기 때문에 수신자, 발송인, 금액을 알 수 있다. 따라서 완벽한 익명성이 보장되지 않다. 그러나, Zcash는 영지식 증명(Zero-Knowledge Proof)을 사용하여 수신자, 발신자 및 금액을 모두 숨길 수 있는 이점이 있다(Seyoung, et al., 2017).

5. 스마트 컨트랙트: 현실을 암호화하는 방법

우리는 당사자들의 권리와 의무에 대해 제공하는 계약이 장기적인 관계 형성에 사용된다는 것을 알고 있다. 계약은 신뢰 기반이 확고한 사회에 유용한 관계 형성 수단이다(Morabito, 2017). Nick Szabo는 이 계약의 정의를 블록체인으로 확대하고 자신의 문서 '스마트 컨트랙트: 디지털 시장을 위한 블록 구성'에서 다음과 같이 스마트 컨트랙트를 정의하였다(Szabo, 1997).

> 당사자들이 약속을 이행하는 프로토콜을 포함하여 디지털 형태로 지정된 약속의 집합

간단히 말해서, 계약에 명시된 조건이 프로그래밍되면 자동으로 인

간의 개입 없이 실행되는 '자동 거래 계약'을 말한다. Morabito는 스마트 컨트랙트를 두 가지 유형, 결정적(Deterministic) 및 비결정적(Non-deterministic)으로 나누었다(Morabito, 2017). 결정적 스마트 컨트랙트는 외부의 데이터가 없는 계약 형태이며, 비결정적 스마트 컨트랙트는 외부 데이터가 필요한 형태이다. 비결정적 스마트 컨트랙트는 결정적 스마트 컨트랙트와 비교하여 블록체인 네트워크가 아닌 외부 시스템에서 데이터를 검색해야 하기 때문에 보안에 취약하다. 그러나 비결정적 스마트 컨트랙트는 외부 시스템과 통합되어 다양한 형태의 스마트 컨트랙트와 자동화 구현을 만들 수 있다. 이는 스마트 컨트랙트에 있어 매우 중요한 요소이다(Ahn, 2018).

예를 들어, 이더리움 스마트 컨트랙트에서는 미리 지불된 가스에서 일정 금액을 빼는 방식으로 실행되므로 의도적으로 실행을 지연시키거나 계산을 무한정 반복할 수 없다. 이더리움이 지원하는 언어로 작성된 스마트 컨트랙트는 이더리움 가상머신(EVM)에서 실행된다. 공개적으로 허용되는 블록체인에서 누구나 스마트 컨트랙트를 생성하고 등록할 수 있는 비보안 환경에서 스마트 컨트랙트를 실행하는 EVM은 이중화된 네트워크 환경에서 격리되어 실행된다(Buterin, 2013).

스마트 컨트랙트는 블록체인 기술 및 암호화폐에서 가장 중요한 핵심 요소 중 하나이다. Szabo는 물리적인 자산에 스마트 컨트랙트를 이식하여 스마트 자산이 만들어질 수 있다는 아이디어를 설명했다. 스마트 컨트랙트를 통해 Tokenization될 수 있는 것이다. 블록체인의 스마트 컨트랙트를 사용하면 모든 유형 및 무형 자산 가치를 토큰화하여 자산화할 수 있다.

6. 오라클: 현실에서 암호로의 게이트웨이

오라클은 무오류의 권위 또는 가이드로 간주되는 사람 또는 사물로 정의된다. 블록체인에서 오라클은 분산 네트워크 환경에서 외부 세계의 데이터를 소스화하고 유효성을 검사한다. 스마트 컨트랙트는 오라클이 검증한 데이터를 활용하여 작동하며 일반적으로 분산 네트워크의 외부 소스에서 특정 데이터를 입력을 필요로 한다. 스마트 컨트랙트가 작동하기 위해서는 이 데이터의 유효성을 보장해야 하므로 오라클은 오프 체인 데이터를 활용하는 문제에 관해서는 데이터 원본과 데이터 사용자 간의 중개, 유효성 검사 및 포맷용 도구 역할을 한다.

실제로 Vitalik Buterin은 오라클의 중요성에 대해 그의 견해를 확인하면서 다음과 같이 썼다(Buterin, 2014).

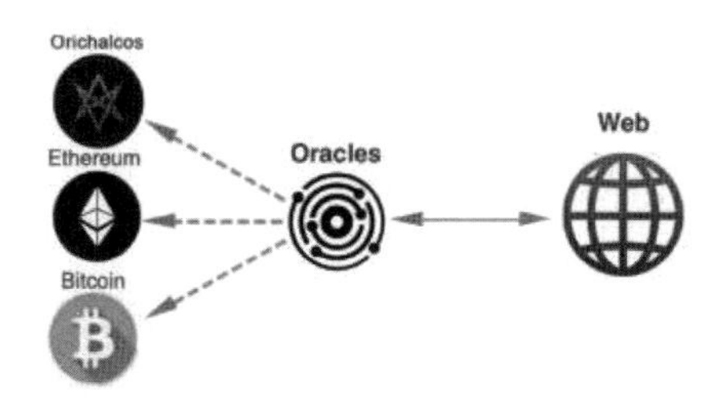

> … 그러나 다른 때에는, 오라클이 의미가 있다. 현실에서 나타날 가능성이 가장 큰 경우는 외부 데이터의 경우이다 … 또 다른 중요한 경우는 실제 굉장히 평가하기 어려운 스마트 컨트랙트의 경우이다.

오라클은, 간단히 말해서, 오프 체인으로 알려진 이더리움의 외부 세계와 상호 작용할 수 있는 '스마트 컨트랙트'라 할 수 있다.

어떤 사람들은 오라클이 정확히 진짜 스마트 컨트랙트가 아니라고 주장하기도 하지만, 스마트 컨트랙트는 본질적으로 알고리즘 계산을 실행하고 데이터를 저장 및 검색할 수 있다(Weldon, 2016).

예를 들어, 날씨 데이터 조회해야 하는 스마트 컨트랙트를 작성하는 경우에, 컨트랙트는 온체인 상에서 임의의 네트워크 요청을 할 수 없다. 신뢰할 수 있고 블록체인의 특정 이벤트를 듣고 응답할 수 있는 무언가가 필요하다. 모든 노드가 계산을 실행하기 때문에 이더리움 컨트랙트에서 임의의 네트워크 요청을 하는 것은 실용적이지 않다. 오라클은 이벤트에 대한 블록체인을 보고 질의의 결과를 컨트랙트에 다시 게시함으로써 응답한다. 이러한 방식으로, 컨트랙트는 오프 체인 세계와 상호 작용할 수 있다(ChainLink, 2017, Tan, 2017, Oraclize, 2016). 오라클에 대한 보다 자세한 내용은 Dapp 간 '안정적인 연결'을 제공하는 핀테크 회사 Oraclize(Oraclize, 2015) 등에서 확인할 수 있다.

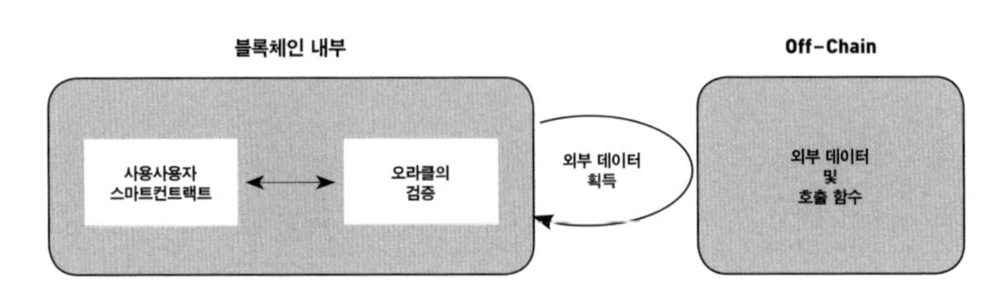

참고: Chain Link(chain.link/whitepaper)

거래 데이터와 블록체인 데이터는 별도로 사용되며, 필요한 경우 데이터는 오라클을 통해 블록체인 내부로 전송되거나 저장된다. 오라클

데이터 마이그레이션에 일반적으로 사용되는 언어는 JavaScript, Python, Go, Node. js 및 JSON 같은 데이터 형식을 지원한다.

7. 토큰화 및 프로그래머블 이코노미(Programmable Economy)

토큰화(Tokenization)는 데이터 보안에 적용될 때 중요한 데이터 요소를 외부 또는 악용 가능한 의미 또는 값이 없는 동등한 요소(토큰이라고 함)로 대체하는 프로세스이다. 토큰은 토큰화 시스템을 통해 민감한 데이터에 다시 매핑되는 참조(즉, 식별자)이다. 원본 데이터에서 토큰으로의 매핑은 토큰화 시스템이 없는 경우, 예를 들어 난수에서 만들어진 토큰을 사용하는 것과 같이 토큰이 역행 불가능한 방법으로 사용된다(Wikipedia, 2018).

그러나, 요즘 토큰화는 블록체인 기술 분야에서 사용되고 있다. 일반적으로 토큰화는 유형 또는 무형이 아닌 특정 유형의 자산을 블록체인 토큰으로 변환하는 프로세스이다. 여기에는 주식, 부동산, 쌀, 자동차 및 금과 같은 모든 종류의 자산이 있다. 사람들은 자신의 목적에 따라 이를 구매 또는 판매한다. 기술이 발전하면서 저작권, 보험 증권, 파생상품 등 다양한 유형의 자산이 나타나기 시작하였고 특정 조건이 충족되면 거래 가능한 가치를 가지게 된다. 이러한 자산은 블록체인 기반 토큰으로 대체할 수 있으며 소유권을 등록할 수도 있다. 또한, 스마트 컨트랙트를 통해 필요한 조건을 지정하면 새로운 자산으로 변환할 수 있다. 애셋타이제이션(Assetization) 즉, 자산화는 게임 아이템, 신용 카드

포인트, SNS와 같은 소셜미디어 플랫폼에 대한 자신의 영향력 같은 것도 지정할 수 있는 프로세스이다.

널리 받아들여지는 이러한 현상은 프로그래머블 이코노미로 알려져 있다. Gartner가 새로이 일어나는 현상을 설명하기 위하여 2014년에 이 용어를 만들었다. 프로그래머블 이코노미는 기본적으로 상품과 서비스의 생산과 소비를 지원 또는 관리하는 '스마트한' 경제 시스템으로, 금전적 및 비금전적 가치 교환 시나리오를 가능하게 한다(Hegadekatti & G., 2017). 메타코인 플랫폼 및 스마트 기술로 실현 가능한 프로그래머블 이코노미는 동적으로 정의된 온디맨드 시장을 포함하여 새로운 종류의 시장을 지원한다(Gartner, 2015).

격변하는 기술과 경제가 혼합된 프로그래머블 이코노미의 시대에서 현실과 가상 자산이 블록체인 기술로 서로 연결되어 새로운 꿈의 시대로 전환되고 있는 것이다.

8. 토큰 이코노미

'토큰 이코노미'라는 용어는 위키피디아에 다음과 같이 정의되어 있다.

> 토큰 이코노미는 대상 행동의 체계적인 강화를 기반으로 한 컨티전시 관리 시스템이다. 강화자는 다른 강화자와 교환할 수 있는 상징 또는 '토큰'이다. 토큰 이코노미는 Operant 컨디셔닝 및 행동 경제학의 원칙을

기반으로 한다.

위키피디아에 따르면 토큰 이코노미를 설정하는 데 필요한 세 가지 필수 요소가 있다. 그것은 토큰, 백업 강화자 및 지정된 대상 행위로 토큰은 처벌 체계에서 보상이나 벌금이 될 것이며, 암호화 생태계에서는 암호화폐가 될 것이다. 백업 강화자는 정의에 따르면 토큰과 상호 교환할 수 있는 증강 인자이다. 처벌 시스템에서는 가장 또는 처벌을 받는 사람에 대한 리워드이다. 즉, 높은 등위의 사람을 위해 화장실을 청소하는 것이다. 암호화폐 생태계에서, 그것은 실제 생활에서 사용 가능한 상품, 보상 또는 현금을 의미하며 마지막으로 지정된 대상 행위가 중요하다. 이는 토큰 이코노미가 참가자들을 위해 무엇을 할 것인지에 대한 이야기이며 처벌 포인트 시스템이란 선생님의 말을 듣고 수업 시간에 조용히 지내고 친구들과 싸우지 않는 것을 의미한다.

여기서 주목해야 할 점은 토큰 이코노미가 사람들의 행동 프로세스를 변화시키는 데 사용된다는 것이다. 학생들과 같이 명확한 행동이 없을 때 특히 효과적이다. 토큰 이코노미가 조직되면 참여자의 행동을 변경할 수 있고 참가자가 가치를 창출할 수 있도록 행동을 바꿀 수 있다. 그리고 코인 이코노미의 가치는 가치가 있는 것으로 간주될 수 있다. 반면에, 이것은 대부분의 암호화 생태계가 없는 곳이며, 암호화 생태계와 체벌 시스템 사이에는 거리를 느끼게 한다(joce00, 2018).

다른 한편으로는, Moreno가 다음과 같이 토큰 이코노미를 정의한다(Moreno, 2017).

> 토큰디자인과 사용될 경제 생태계의 규칙 집합을 나타낸다. 핵심 아이디어는 게임 이론과 인센티브를 기반으로 한 디자인을 통해 생태계의 모든 이해관계 즉, 클라이언트, 공급자 및 토큰의 후원자가 토큰을 사용하는 것이 바람직하도록 만드는 것이다.

토큰 이코노미 또는 토큰노믹스는 Moreno가 언급한 바와 같이 토큰 이코노미가 토큰과 현실 세계 경제 시스템 사이에 일련의 규칙을 디자인한다고 언급했다. 위키피디아의 정의에서 언급했듯이 핵심 아이디어는 게임 이론과 인센티브 시스템을 기반으로 하며 모든 토큰 생태계 참가자, 즉, 고객, 공급 업체, 그리고 토큰 지지자를 포함하여, 토큰을 기꺼이 사용하게 해야 한다. 즉, 토큰 생태계의 모든 참여자 참여에 따라 적절한 보상이 지급되는 경제 구조를 의미한다(Mechuriya, 2018).

9. 가상화폐의 변동성 및 불안정성

전통적인 통화의 모든 기능인 즉, 희소성, 대체성, 분할성, 내구성 및 양도성의 기능을 디지털 통화로 통합하고 이를 교환 수단, 계정 단위 및 가치 저장 수단으로 활용하기 위해 디지털 통화인 비트코인이나 금보다 안정되어야 한다.

암호화폐 가치는 종종 하루에 약 25% 상승하고 감소하거나, 한 달에 300% 이상 상승하기도 한다. 암호화폐의 가격 변동성이 전례 없이 너무 높으면 일상에서 사용하기에 부적합하다. 암호화폐의 가격이 안정적이지 않은 경우, 신용 및 채무시장에서 이를 활용하는 것은 어려울 것이다. 미래를 위한 지불에 대해 가격 리스크 완충을 위하여 큰 프리미엄을 유발할 것이기 때문이다. 이러한 가격 불안정성이 암호화폐에 미치는 부정적 영향 때문에 그 활용도는 더욱 제한적이다.

10. 블록체인의 기술적 한계

블록체인 게임에서 볼 수 있는 한 가지는 퍼블릭 블록체인 기술이 많은 양의 사용자 데이터를 효율적으로 처리하는 데 충분치 않다는 것이다. 빠른 인게임 데이터 처리 및 트랜잭션 승인을 위해 마스터 노드를 도입하거나 합의 알고리즘을 변경하는 등 충분한 기술적 시도가 있지 않았으며, 크립토 게임이라 하더라도 방대한 사용자를 대상으로 충분히 테스트되지 않았다.

Crypto-Kitty의 구매, 판매 및 교환 과정에서 트랜잭션 속도를 높이는 비용이 예상보다 높은 비중을 차지했다. 물론 현재 플랫폼 비용 및 광고 비용에 비해 상대적으로 작을 수 있다. 그러나 Ethereum의 경우 사용자가 거래 수수료를 설정하고 커미션 수수료가 높을수록 거래가 더 빨리 승인되므로, 이더리움의 수수료 정책은 게임과 같은 마이크로 트랜잭션이 빈번한 거래 영역에는 적합하지 않다.

카드 지불, 지불 게이트웨이(PG), 현금 이체, 전화 요금 지불 등 다양한 결제 방법이 게임 내에 존재한다. 게임에서 암호화폐를 사용하는 방법뿐만 아니라 기존의 법정통화 지불 방법도 지원한다. 게임을 하고 싶은 사용자가 기존 게임과 동일한 접근 방식으로 플레이를 할 수 있게 해줘야 한다.

게임 개발 도구 이외에도 게임에 블록체인 기술을 사용하려면 이를 활용할 수 있는 플러그인 개발 도구가 필요하다. 그러나 블록체인 게임을 개발하기 위한 상세한 사양을 가진 개발 도구는 아직 부족하다.

11. 고변동성 통화 기반의 토큰 경제

상거래를 포함하여 모든 거래가 이루어지는 분야에서 돈이나 화폐의 기능, 더 나아가 존재 자체는 필수적이다. 화폐라는 상품 및 서비스에 대한 지불 및 특정 국가 또는 사회 경제적 맥락에서 일반적으로 채무 상환으로 인정되는 항목이며 검증 가능한 기록이다. 돈의 주요 기능은 교환 매체, 계좌 단위, 가치 저장 수단 및 때로는 연체 기준이다. 이러한 기능을 수행하는 모든 항목 또는 검증 가능한 기록은 돈(통화)으로 간주될 수 있다(Wikipeida, 2018).

예를 들어, 게임상에서 아이템을 구매할 때, 현금, 카드 바우처, 기프트 카드 또는 다양한 유형의 포인트를 사용하여 비용을 지불할 수 있다. 이는 인터넷 상거래에서 물건을 구매하고 대가를 지불하는 일반적인 거래에도 동일하게 일어난다. 또한, 게임 중에 받는 보상에는 레벨 상승, 새로운 아이템, 상금과 같은 다양한 형태가 있다. 전자 상거래의 경우 물건의 배송, 포인트 누적 등이 대표적인 보상이다

거래에 사용되는 화폐와 보상 가치는 약관에 정의되어 있더라도 가

능한 변경해서는 안 된다. 1달러를 지불하고 아이템을 구매한 것에 대한 보상은 1달러의 가치를 가져야 한다.

1달러 대신 기프트 카드나 바우처로 지불하는 경우를 생각해 보자. 가격이 매일 큰 폭으로 바뀌게 되면, 이 기프트 카드나 바우처의 가격을 예측할 수 없을 정도가 되면 바우처 사용자는 이 바우처로 상품을 구입하고 월간 구독료를 어떻게 지불하고자 할까? 만약 암호화폐 없이 플랫폼이나 특정 경제 시스템을 구현하고자 한다면 법정 화폐를 가치 기준으로 사용하게 되므로 문제가 없겠지만, 암호화폐를 사용하게 되면 플랫폼 경제 시스템에 안정적인 금전적 가치를 필수적으로 담보해야 한다.

물론, 현재에도 법정화폐에 대비하여, 암호화폐의 변동성은 전통적인 다른 유가 증권 가치에 비하여 몇 배 이상 높으며 이를 제어할 어떠한 조직이나 장치가 마련되어 있지 않다.

12. 트릴레마: 탈중앙성, 확장성 그리고 안전성

블록체인은 물론 많은 데이터 처리 분야에서 가용성, 확장성 및 안정성을 높이려고 노력하고 있다. 그러나 이러한 노력에도 불구하고 모든 상황이 충족되지 않는 경우도 있다.

시스템을 설계할 때 가용성은 시스템이 얼마나 오랫동안 계속 작동할 수 있는지를 나타내는 지표이다. 그러나 시스템의 하드웨어 또는 소프트웨어를 정기적으로 점검하려면 시스템을 종료해야 한다. 즉, 가용성이 낮아딘다. 가용성을 높이기 위해 소프트웨어 또는 하드웨어 검사를 중지하면 안전성이 손상된다. 가용성이 낮아지더라도 시스템의 보안을 강화하기 위해 하드웨어와 소프트웨어를 정기적으로 검사해야 한다.

보안은 데이터 그 자체나 데이터의 결함 또는 작업 처리의 여러 단계에 악의적인 액세스를 막는 행위이므로 보안 검사는 시스템의 여러 단계에서 수행되어야 한다. 또한, 보안 수준을 높이려면 악의적인 액세스를 유발할 수 있는 단계의 수를 줄여야 하며 이는 시스템의 확장성을 제한하게 된다. 중앙에서 처리하던 여러 기능을 여러 위치로 분산시키면 가용성이 높아지나 필연적으로 보안이 저하된다.

분산화는 안전성을 줄이고 확장성과 가용성을 높인다. 이러한 Trilemma의 상황에서, 시스템의 모든 조건을 만족시킬 수 없으므로 어느 부분을 더 집중해야 할지 결정해야 한다. 물론, 하나를 완전히 무시한다면, 시스템 전체를 쓸 수 없기 때문에 무시하고자 하는 부분까지 최소한도로 포함하여 설계해야 한다.

처리 속도는 상거래에서 매우 중요한 문제이지만 초당 처리되는 트랜잭션 수(TPS, Transaction Per Second) 또는 트랜잭션당 처리 시간(SPT, 초당 드랜잭션)을 최소화하는 깃은 다른 문제점이다. 이깃들은 별도로 측정해야 하는 합의 알고리즘의 성과 단위이다. 컨센서스 알고리즘의 성능은 최근 초당 트랜잭션에 집중되어 있지만 각 트랜잭션을 완료하는데 걸리는 시간 또한 중요한 요소이다.

13. 트랜잭션 비용 및 거래 종결성의 복잡성

블록체인은 보안 및 안정성 확보를 위해 암호화를 채택하여 중개인을 두지 않고 계약과 거래를 성사시키기 위해 중개인이 존재함으로 야기되는 비용을 줄이기는 것을 목표로 한다. 그러나 중개인이 사라짐으로써, 거래 당사자에 의해서만 이루어지는 거래는 악의적인 참가자가 존재할 경우 극단적으로 나빠졌다. 이를 방지하기 위해 전체 참가자에 의한 합의 알고리즘이 도입되었다. 합의에 도달하거나 계약이나 거래를 승인하기 위해 전송해야 하는 데이터 처리를 위해 P2P 통신이 추가 도입되었다.

인터넷 상거래는 전자 지불을 처리하기 위해 신뢰할 수 있는 제3자인 금융 기관에 거의 독점적으로 의존하게 되었다. 시스템은 대부분의 트랜잭션에 대해 충분히 잘 작동하지만 신뢰 기반 모델의 고유한 약점이 여전히 존재한다.

금융 회사가 분쟁 조정을 피할 수 없으므로 완전히 되돌릴 수 없는 거래는 가능하지 않다. 중재 비용은 거래 비용을 증가시키고 실질적인 최소 거래 규모를 제한하며 소액 캐주얼 거래 가능성을 차단하며 비가역 서비스에 대한 비가역 지불 능력을 상실하는 데 더 많은 비용이 부과되며 거래 취소 가능성으로 인해 신뢰의 필요성이 확산된다. 판매자는 고객을 조심해야 하며 그렇지 않은 경우보다 많은 정보를 요구한다.

특정 비율의 사기는 피할 수 없는 것으로 받아들여진다. 이러한 비용 및 지불 불확실성은 물리적 통화를 사용하여 직접 피할 수는 있지만, 신뢰 당사자가 없는 통신 채널을 통해 지불하는 메커니즘은 존재하지 않는다.

비트코인 백서에 언급된 바와 같이, 발신자와 수신자, 판매자와 구매자 사이의 직접 거래는 중개인을 제거하여 불필요한 수수료를 절약할 수 있지만, 추가 확인 비용(마이닝 또는 승인 비용)이 발생한다.

최근에는 또 다른 유형의 합의 알고리즘이 제안되었다. 그러나 중간 중개인을 포함한 많은 합의 알고리즘(DPoS 등)이 등장하면서 원래 비트코인이 제시한 이점은 사라지고 시스템 복잡성은 높아졌다. 또한, 인간의 개입을 최소화하면서 참여 노드에 의해 수행되는 컨센서스 알고리즘 시스템을 구현할 필요가 있다.

14. 지불 속도와 마이크로 거래

블록 체인의 트랜잭션은 금융에서의 트랜잭션과 여러 면에서 다르며 특히 트랜잭션 수의 차이를 언급할 수 있다. VISA 또는 Master Card의 경우를 생각해 보자. 사람들은 상점에서 하루 동안 쇼핑하고 음식을 먹고 돈을 지불한다. 가전 제품 상점의 경우 하루에 세탁기 또는 냉장고를 사기 위해 많은 사람들이 방문하지만 실제로 구매하는 고객은 거의 없다. 그러나 점심시간 레스토랑에 대해 생각해보면, 방문자 수는 곧 지불할 고객 수이다. 카드 회사가 상점에서 일어나는 모든 거래에 대해 상점에 통보할 때마다 절차 및 지불 절차를 거친다면, 카드 회사 시스템은 처리 속도 및 용량이 훨씬 더 높아져야 한다. 일반적으로 카드 회사는 월 1회 또는 주어진 기간 동안 지불을 처리한다.

블록체인에서 발생하는 모든 마이크로 트랜잭션에 대해 각 노드가 합의하는 것은 무리일 수 있다. EOS의 경우 21BP(Block Producer)가 모든 거래를 처리하는 반면에, 이더리움은 10,000개 이상의 노드가 트랜잭션을 처리한다. 극단적인 두 모델과 마찬가지로, 현재의 금융 시스템이 중개 은행을 통해 송금하는 것처럼 적절한 거래 단위 또는 그룹에 대해 소액 거래를 처리하는 것이 효율적일 수 있다. Facebook은 초당 157K회의 트랜잭션(TPS)을 처리하고, 이더리움은 약 12TPS를, 비트코인은 약 7TPS를 처리한다. 물론, 결제 처리속도를 향상을 위해 자주 교환하는 트랜잭션을 통합적으로 관리하는 Atomic Swap 또는 Sharding에 대한 연구도 진행되고 있다.

그러나 여전히 퍼블릭 블록체인은 많은 양의 사용자 데이터를 효율적으로 처리하기에 불충분한 것으로 보인다. 금융데이터 처리 및 트랜잭션 승인을 위해 다른 합의 알고리즘을 사용하여 구현한다면 퍼블릭 블록 체인이 충분한 처리 속도를 갖고 있는지 확인하여야 한다.

15. 분산원장 기록을 위한 합의 알고리즘

블록체인 시스템상에서 사용자 트랜잭션을 처리하기 위해 많은 수의 노드가 P2P 네트워크에 연결된 것을 분산 원장이라 한다. 블록체인 시스템에서 모든 노드가 동일한 트랜잭션에 대해 레코드를 가질 수 있게 하는 것이 합의 알고리즘(Consensus Algorithm)이다(Gramoli, 2017).

블록체인 기술을 처음으로 적용한 비트코인의 합의 알고리즘은 작업 증명 방식(Proof-of-Work)이었으며 가장 긴 체인을 선택한다. 비트코인 알고리즘은 7 TPS로 처음부터 제한되었으며, 작업 증명 방식으로 인해 많은 에너지가 낭비되는 문제가 있다.

위에서 언급했듯이, 비트코인 이후에 나타나는 블록체인 시스템은 성능 문제와 에너지 문제를 시스템에 맞게 완화하는 수정된 컨센서스 알고리즘을 도입하는 경향이 있다. Ethereum의 경우 가장 긴 체인이 아닌 가장 많은 수의 하위 트리가 있는 체인을 주 체인으로 보는 컨센서스 알고리즘을 도입했다.

블록체인 시스템은 참여 제한에 따라 비허가형과 허가형 블록체인으로 구분된다. 작업증명방식은 비허가형 블록체인, 성능, 에너지 소비 문제가 반드시 수반된다. 이러한 문제를 극복하기 위해 PoS(Proof-of-Stake) 및 PoET(Proof-of-Elapsed Time)과 같은 알고리즘이 개발되었다 (Lim, et al., 2018).

합의 알고리즘은 내결함성 분산 시스템에서 근본적인 문제로 합의는 여러 서버가 합의를 통하여 한가지 값을 인정하고 동의하는 것을 나타낸다. 일단 그들이 값을 결정하면, 그 결정은 최종적인 것이 된다. 일반적인 합의 알고리즘은 서버의 대다수가 사용 가능할 때 진행된다. 예를 들어, 5개의 서버 클러스터 가운데 2개의 서버에 오류가 발생하더라도 계속 작동할 수 있다. 더 많은 서버에 오류가 존재하면 진행을 멈춘다(그러나 잘못된 결과를 반환하지는 않는다. Raft, 2018).

허가형 블록체인 플랫폼에서는 모든 참가자를 신뢰할 수 있으므로 그 가치 결정을 위임할 수 있다. 즉, 블록을 생성할 수 있는 노드를 정하고, 노드로 구성된 위원회를 구성하고, 위원회 멤버 간의 합의를 통해 한 블록을 생성하고 전파하는 방법을 사용할 수 있다.

Blockchain 시스템을 분산 원장 사본의 스토리지 관리로 생각하면, 기존의 스테이트 머신 리플리케이션 시스템(State Machine Replication System, SMR)과 유사한 특성을 가졌다고 말할 수 있다. SMR의 복제본은 비정상 상황을 크게 두 가지 범주로 나눈다. 하나는 장애 조치(Fail-stop)이고 다른 하나는 비잔틴 오류이다. 장애 조치를 가정한 대표적합의 알고리즘이 Paxos와 Raft이며, 리플리카의 악의적인 행동을 포함하여 비잔틴 결함을 가장하는 대표적인 합의 알고리즘은 PBFT(Practical Byzantine Fault Tolerant)이다(Castro & Liskov, 1999).

또 다른 합의 알고리즘인 Raft는 쉽게 이해할 수 있도록 고안된 합의 알고리즘으로 결함 허용성과 성능 면에서 Paxos와 유사하다. 차이점은 상대적으로 독립적인 하위 문제를 분리하여 실제 시스템에 필요한 모든 주요 부분을 명확하게 처리한다는 점이다(Ongaro & Ousterhout, 2014).

PoET(경과 시간 증명) 합의 알고리즘법은 'Trusted Execution Environment(TEE)'를 사용하여 작업 증명과 같은 현재 솔루션의 에너지 효율성을 향상시키는 비잔틴 장군 문제의 해결책을 제공한다.(Han, 2017) 하이퍼렛저에 공개된 PoET의 초기 구현은 모든 TEE 구현에 유연하게 유지되도록 간략 TEE용으로 작성되었다(Intel, 2014).

높은 수준에서, PoET는 주어진 목표 속도로 요청을 실행하기 위해 확률적으로 개별 피어를 선출한다. 개별 피어는 기하급수적으로 분포된 확률 변수를 샘플링하고 샘플에 의해 지정된 시간 동안 대기한다. 가장 작은 샘플을 가진 피어가 선출된다. 부정행위는 TEE, 비대칭 키 암호화를 기반으로 하는 아이디 확인과 블랙리스팅, 기타 선출 정책을 사용하여 방지된다.

효율적으로 분산된 합의를 달성하기 위해, 로터리 기능에는 다음과 같은 몇 가지 특징을 가져야 한다.

공정성: 최대한 많은 참가자를 대상으로 지도자 선거를 배포해야 함
투자: 지도자 선거 비용은 그로부터 얻은 가치에 비례해야 함
검증: 지도자가 합법적으로 선정되었는지 손쉽게 확인 가능해야 함

PoET는 소비자 및 기업용 CPU에서 널리 사용되는 새로운 보안 CPU 명령어를 사용하여 이러한 목표를 달성하도록 설계되었다. PoET는 이러한 기능을 사용하여 대부분의 '증명' 알고리즘에 요구되는 전기와 특수 하드웨어의 값비싼 투자 없이 리더선출 과정의 안전과 무작위성을 보장한다(Hyperledger, 2018).

하이퍼렛저에는 보안 명령을 시뮬레이션하도록 구현되어 있으며 커뮤니티의 소프트웨어 작업을 더 쉽게 만들 뿐만 아니라 BFT도 감내하도록 한다(Intel, 2014).

PoET는 기본적으로 다음과 같이 작동한다.

① 모든 밸리데이터(Validator)가 엔클레이브(Enclave)에게 대기 시간을 요청한다.

② 특정 블록에 대해 가장 짧은 대기 시간을 갖는 밸리데이터를 리더로 선출한다.

③ 'CreateTimer'와 같은 하나의 함수는 엔클레이브에 의해 생성된 트랜잭션 블록에 대한 타이머를 생성한다.

④ 'CheckTimer'와 같은 또다른 타이머가 엔클레이브에 의해 만들어졌는지 확인한다. 타이머가 만료된 경우, 이 함수는 밸리데이터가 할당된 시간을 기다린 후에 리더십 역할을 주장하는지 확인하는 데 사용할 수 있는 증명을 만든다.

PoET 리더선출 알고리즘은 좋은 로터리 알고리즘의 기준을 충족하며 리더십 선거는 다른 추첨 알고리즘에 의해 제공되는 것과 유사한 분포로 전체 밸리데이터 집단에 무작위로 배분된다. 선거의 확률은 기여한 자원에 비례한다. 실행 입증(Attestation of Execution)은 인증서가 엔클레이브 내에서 생성되었고 유효성 검사기가 할당된 시간을 기다렸는지 확인하기 위한 정보를 제공한다. PoET는 게임에 사용 가능한 빠르고 안정적인 블록체인 시스템을 구현하고 자신의 움직임을 정확하게 추적할 수 있다(Zhang, et al., 2017).

PoET는 다른 문제가 없다. 이는 절대적으로 많은 수의 악의적 노드로 인한 비잔틴 문제(Chen, et al., 2017)를 유발할 수 있지만, 인텔의 SGX 하드웨어가 있는 시스템만 참여할 수 있다(Bano, et al., 2017).

참고문헌

- Ahn, J., 2018. *Edenchain: The Programmable Economy Platform*. s.l., Edenchain Partners Inc.
- Al-Naji, N., 2018. *Medium*. [온라인] Available at: https://medium.com/basis-blog/introducing-basis-a-stable-cryptocurrency-with-an-algorithmic-central-bank-7a795393a525
- Al-Naji, N., Diao, L. & Chen, J., 2018. *BASIS*. [온라인] Available at: https://www.basis.io/
- Anon., 2018. *Blockchain for supply chain*. [온라인] Available at: https://www.ibm.com/blockchain/industries/supply-chain
- Aspnes, J., Jackson, C. & Krishnamurthy, A., 2005. Exposing computationally-challenged Byzantine impostors.. *Technical report*.
- Bano, S. 외., 2017. *SoK: Consensus in the Age of Blockchain*. 출처 미상, ArXiv.
- Bonneau, J. et al., 2015. SoK: Research Perspectives and Challenges for Bitcoin and Cryptocurrencies. *IEEE Symposium on Security and Privacy*, May.
- Buterin, V., 2013. Ethereum White Paper: A Next-Generation Smart Contract and Decentralized Application Platform.
- Buterin, V., 2014. *Ethereum*. [온라인] Available at: https://blog.ethereum.org/2014/07/22/ethereum-and-oracles/
- Buterin, V., 2014. *Ethereum Blog*. [온라인] Available at: https://blog.ethereum.org/2014/03/28/schellingcoin-a-minimal-trust-universal-data-feed/
- Castro, M. & Liskov, B., 1999. *Practical Byzantine Fault Tolerance*, New Orleans: Proc. 3rd Symp. on OSDI.
- ChainLink, 2017. *ChainLink*. [온라인] Available at: https://chain.link/
- Chaum, D., 1982. Blind signatures for untraceable payments. *CRYPTO*.
- Chen, L. 외, 2017. *On Security Analysis of Proof-of-Elapsed-Time(PoET)*. 출처 미상, Spinger Link.
- Dai, W., 1998. *b-money*, s.l: s.n.
- David, C., A., F. & M., N., 1990. Untraceable electronic cash. *CRYPTO*.

- Dwork, C. & Naor, M., 1992. Pricing via processing or combatting junk mail. *CRYPTO*.
- Ephraim, F., 2018. A Framework for Blockchain-Based Applications. *ArXiv*, 2 Mar.
- Garay, J. A., Kiayias, A. & Leonardos, N., 2017. *The Bitcoin · Backbone Protocol: Analysis and Applications*. 출처 미상, Proc. Eurocrypt 2015.
- Gartner, 2015. *Gartner*. [온라인] Available at: https://www.gartner.com/newsroom/id/3146018
- Goldschlag, D. M. & Stubblebine, S. G., 1998. Publicly Verifiable Lotteries: Applications of Delaying Functions. *Financial Cryptography*.
- Gramoli, V., 2017. *From Blockchain Consensus Back to Byzantine Consensus*, 출처 미상: Elsevier.
- Han, D., 2017. *Intel SGX and its Network Applications*, 출처 미상: Security@KAIST.
- Hegadekatti, K. & G., Y. S., 2017. *The programmable Economy: Envisaging an Entire Planned Economic System as a Single Computer through Blockchain Networks*, 출처 미상: MPRA.
- Hyperledger, 2018. *Hyperledger Sawtooth*. [온라인] Available at: https://sawtooth.hyperledger.org/docs/core/releases/latest/architecture/poet.html
- Intel, 2014. *Intel*. [온라인] Available at: https://software.intel.com/sites/default/files/managed/48/88/329298-002.pdf
- Intel, 2014. *Intel Sawtooth Lake*. [온라인] Available at: https://intelledger.github.io/
- Jason, C., 2017. [온라인] Available at: https://www.forbes.com/sites/delltechnologies/2017/06/27/how-blockchain-could-revolutionize-the-internet-of-things/#225505276eab
- joce00, 2018. *STEEMIT*. [온라인] Available at: https://steemit.com/kr/@joceo00/token-economy
- Lim, J., Yoo, H., Kwak, J. & Kim, S., 2018. *Blockchain and Consensus Algorithm*. Taejeon, ETRI.
- Manning, M., 2018. *TGDaily*. [온라인] Available at: https://www.tgdaily.com/technology/can-the-usdx-protocol-replace-central-banks-with-an-algorithm

- Marco, . I. & Karim, L. R., 2017. The Truth About Blockchain. *Harvard Business Review*.
- mechuriya, 2018. *STEEMIT*. [온라인] Available at: https://steemit.com/kr/@mechuriya/declaration-of-token-economy
- Morabito, V., 2017. *Business Innovation Through Blockchain*. s.l.:Spinger.
- Moreno, P. d. l. C., 2017. *Medium*. [온라인] Available at: https://blog.icofunding.com/tokens-and-tokenomics-the-magic-of-icos-a7a886ca323c [Accessed 2018]
- Nakamoto, S., 2008. Bitcoin: A Peer-to-Peer Electronic Cash System. Oct.
- Okamoto, T. & Ohta, K., 1992. Universal electronic cash. *CRYPTO*.
- Ongaro, D. & Ousterhout, J., 2014. *In Search of an Understandable Consensus Algorithm*. s.l., Stanford University.
- Oraclize, 2015. *Oraclize*. [온라인] Available at: http://docs.oraclize.it/#home Oraclize, 2016. *Medium*. [온라인] Available at: https://blog.oraclize.it/understanding-oracles-99055c9c9f7b
- Raft, 2018. [온라인] Available at: https://raft.github.io/
- Ralph, M. C., 1980. Protocols for Public Key Cryptosystems. *IEEE Symp. on Security and Privacy*, 4.
- Rouse, M., 2018. *Techtarget.com*. [온라인] Available at: https://searchcio.techtarget.com/definition/programmable-economy
- Sander, T., Ta-Shma, A. & Yung, M., 2001. Blind, auditable membership proofs.. *Financial Cryptography*.
- Seyoung, H., Sangrae, C. & Soohyeong, K., 2017. 비트코인 후 블록체인. 초연결 지능 인프라 특집, 2.
- Snider, M., 2018. *Multicoin.capital: An Overview of StableCoins*. [온라인] Available at: https://multicoin.capital/2018/01/17/an-overview-of-stablecoins/
- Steve, M., 2017. [온라인] Available at: https://www.fastcompany.com/40449268/will-blockchain-revolutionize-global-real-estate-next
- Szabo, N., 1997, Formalizing and securing relationships on public networks.. *First Monday*, 2(9).
- Tan, K., 2017. *Kendrick Tan*. [온라인] Available at: https://kndrck.co/posts/ethereum_oracles_a_simple_guide/

- Weldon, J., 2016. *Medium*. [온라인] Available at: https://medium.com/@must-win/building-an-oracle-for-an-ethereum-contract-6096d3e39551
- Wikipedia, 2018. *Wikipedia*. [온라인] Available at: https://en.wikipedia.org/wiki/Tokenization_(data_security).
- Wikipeida, 2018. *Wikipedia*. [온라인] Available at: https://en.wikipedia.org/wiki/Money
- Zhang, F. 외., 2017. *REM: Resource-Efficient Mining for Blockchain*. 출처 미상, Cornell University.

BITCOIN DIGITAL DECENTRALIZED PEER TO PEER
NM MONETARY METALS
999 FINE COPPER

제2장

부동산 토큰화를 위한 스마트 컨트랙트의 과제 및 해법 모색

정관영

1. 부동산 토큰화의 성패, 스마트 컨트랙트

비트코인으로 대표되는 암호화폐를 시발점으로 등장한 블록체인 기술은 스마트 컨트랙트의 활용가능성을 다방면—전자상거래, 금융, 물류, 부동산등기 시스템, 선거 시스템, 전자정부 등등—으로 현실화하고 있다. 사실 암호화폐는 블록체인 기술 기반 응용프로그램 중 극히 일부에 불과하다. 1990년대에 닉 자보(Nick Szabo)는 계약 당사자들이 합의한 계약 조건을 컴퓨터 코드로 만들고, 인간 대신 컴퓨터가 계약 조건을 해석하고 이행하는 아이디어를 구상했다.[1]

이 개념의 핵심은 거래에서 빈번하게 발생하는 이행거절과 이행불능의 위험을 줄임으로써 거래비용을 감축하고, 거래에 대한 신뢰 자본을 형성하여 사회 전체의 효율성을 증대하는 데 있었다. 당시에는 닉 자보의 아이디어를 구체화할 수 있는 기술적인 뒷받침이 따르지 못했지만 이제 스마트 컨트랙트는 현실화되었고, 확장 가능한 미지의 영역이 어디까지일지만이 시험대에 오른 상태다.

그러나 스마트 컨트랙트(Smart Contract)가 막 계약의 표준영역으로 진입하려 하는 현시점에서, 우리는 다음의 문제의식을 가져야 한다. 먼저 스마트 컨트랙트가 전통적인 계약 체계를 대체할 수 있을 정도로 완벽한 기술인지, 아니면 아직까지 일정한 한계를 가진 기술인지를 파악해야 한다. 스마트 컨트랙트가 모든 계약을 대체할 수 있을 정도로

1 Nick Szabo, "Formalizing and Securing Relationships on Public Networks", First Monday, Vol. 2, No. 9, 1997.

자명하지 않다면, 그것의 한계점을 인지하여 전통적인 계약 체계와 스마트 컨트랙트의 조화를 꾀하는 지혜가 요망된다. 다음으로 전통적인 계약 방식 대비 스마트 컨트랙트의 비교 우위를 분석하여, 어떠한 조건 하에서 스마트 컨트랙트를 적용하여 실질적인 이익을 얻을 수 있을지를 통찰해야 한다.

2000년대 이래 저금리 기조가 길어지면서 투자자들은 마땅히 투자할 곳을 찾지 못하고 있다. 그러다가 본인이 잘 이해하지 못하는 위험자산에 투자하거나, 심지어 유사수신행위와 폰지사기에 가까운 코인에 투자하였다가 큰 손실을 입은 사례가 많다. 하지만 앞으로 부동산 토큰화가 정밀하게 구조화되면 얘기가 달라진다. 부동산이라는 실물에 기반하여 발행되는 증권형 토큰(Security Tokens, ST)은 안정적이면서도 비교적 높은 수익률을 기대하는 투자자들의 대체투자 수요를 충족시켜 줄 수 있을 것이다. 부동산 토큰화는 그간 기관투자자나 소수의 고액자산가만 접근할 수 있었던 우량 부동산에 일반인도 투자할 수 있는 기회를 열어준다는 점과, 상업용 부동산 금융 생태계를 확대한다는 점, 새로운 간접투자 형태의 부동산신탁상품 시장을 연다는 점, 초고령화 사회 진입(2025년 예상)을 목전에 둔 우리나라에서 퇴직자들의 노후준비를 대비할 수 있는 투자자산 역할을 할 수 있다는 점에서 그 의미가 대단히 크다.

여러 가지 장점을 가진 부동산 토큰화. 부동산 토큰화 프로젝트에서 스마트 컨트랙트는 불가분의 관계에 있다. 따라서 부동산 토큰화의 성패는 스마트 컨트랙트에 대한 이해에 달려있고 해도 과언이 아니다. 부동산 토큰화 과정에서 스마트 컨트랙트의 한계와 그 해법에 대해 일별하도록 돕는 것이 본 논고의 목표다.

2. 스마트 컨트랙트의 이해

블록체인(Block Chain)은 P2P(Peer to Peer) 네트워크를 통해 모든 노드(Node)가 '블록(Block)'이라고 불리는 일정한 크기의 데이터를 공유하는 기술로서, 선행하는 블록을 참조하는 방식으로 최초 발생 시점부터 현재까지 해시함수(Hash Function)를 이용해 블록을 연쇄적으로 연결함으로써 고리(Chain)를 이룬다. 근본적으로 블록체인은 분산 컴퓨팅 기반의 원장 관리 기술이라는 점에서 기존의 중앙화된 데이터베이스와 차별화된다. 여기서 '분산 원장(Distributed Ledger)'이란 말 그대로 중앙화된 서버나 관리자의 통제 없이 분산된 각 노드들이 원장에 기록·복제하고 상호 동기화하여 네트워크를 구성하는 것을 말한다. 블록체인은 공유 데이터베이스에 기록할 정보를 검증·승인하기 위한 방법으로 '합의(Consensus)' 매커니즘을 활용한다. 속성상 분산 네트워크의 컴퓨팅 자원을 모아 거대한 연산능력을 확보하는 것이므로, 참가자 모두에게 데이터에 대한 승인 권한을 부여한다.

블록체인 네트워크에서 발생한 트랜잭션(거래)을 기록하기 위해 네트워크의 각 참가자는 해당 트랜잭션을 확인하고 승인한다. 기록된 트랜잭션은 하나의 블록에 모여 해시함수로 암호화되는데, 블록체인에 저장된 기록이 변경되면 한 블록에 대해 새로운 해시값이 생성되게 되므로, 그 뒤의 모든 블록들의 해시값도 변경되어 네크워크의 모든 참가자들이 그 사실을 알게 된다. 블록끼리 해시 함수로 암호화하여 참조하게 함으로써 거래기록의 조작을 방지하는 것이다.

하지만 이렇게 블록 사이를 해시값으로 연결하더라도, 특정인이 블록체인 네트워크를 지배한다면 중간에 있는 블록 데이터를 조작한 뒤 후속 블록의 해시값을 전부 다시 생성하는 식으로 조작할 위험이 여전히 있다. 이 지점에서 블록체인의 분산 원장이 빛을 발한다. 위에서 언급했듯이 블록체인은 네트워크의 각 노드들이 중복해서 데이터를 저장하기 때문에, 조작되지 않은 노드들은 여전히 이전 블록의 해시값을 보관하고 있다. 조작자는 블록체인에 참여한 다른 노드들의 정보까지도 한꺼번에 조작해야 하는 어려움에 처한다. 이로써 블록체인 네트워크에서 데이터의 위·변조는 사실상 불가능하게 된다.

'스마트 컨트랙트'란 개념은 1994년 법률가이자 프로그래머인 Nick Szabo가 아이디어를 최초로 제시했다고 알려져 있다. 당시에는 블록체인 기술이 없었지만, 2013년 프로그래머이자 작가인 비탈릭 부테린(Vitalik Buterin)이 이더리움(Ethereum)이라고 불리는 블록체인 시스템을 개발을 제안하면서 송금, 결제 등 금융거래뿐 아니라 '계약'도 처리할 수 있도록 기능을 확장하였고, 스마트 컨트랙트도 최근에 들어 관심을 받게 되었다.[2] 이더리움 스마트 컨트랙트에는 주로 솔리디티(Solidity)라는 자바 기반의 독립적인 프로그래밍 언어가 사용된다. 이더리움 플랫폼에서 스마트 컨트랙트 기능을 사용하면 개발자가 직접 계약 조건과 내용을 코딩할 수 있다.

오늘날 스마트 컨트랙트의 정의는 확립되어 있진 않지만, '당사자 간에 정한 계약 조건(프로그램 코드) 하에 계약의 체결 또는 이행을 자동으로 실행하는 컴퓨터 트랜잭션 프로토콜' 정도로 이해되고 있다. 다시 말해 블록체인 기술을 기반으로 당사자 간의 계약 내용을 프로그래밍 언어로 코딩하고, 계약 조건에 부합하는 이벤트가 발생하면 자동으로 그 내용을 실행(계약 이행)하는 컴퓨터프로그램[3]이 스마트 컨트랙트다. 정의에서 알 수 있듯이 스마트 컨트랙트의 핵심은 프로그램 코드를 통해 '계약 이행을 자동화'하는 데 있다. 알다시피 계약 이행 당사자는 인간으로 인간은 변한다. '마음'이 변하여 계약을 이행하지 않을 수도 있고, '상황'이 변하여 계약을 이행 못하게 될 수도 있다. 스마트 컨트랙트는 인간의 마음과 외적인 상황에 달려 있는 계약 이행의 변동성을 알고리즘을 통해 극복하고자 한다.

이 점에서 스마트 컨트랙트의 차별성이 부각된다. 기존의 계약은 당

---

2 따지고 보면 비트코인은 블록체인으로 구현해 낼 수 있는 응용프로그램 중 극히 일부 파트에 불과할 뿐이다. 반면 이더리움 기반의 스마트 컨트랙트는 블록체인을 응용한 애플리케이션의 범위를 상당히 확장하였다. 이더리움은 처음 등장할 때부터 '월드 컴퓨터'의 구현을 지향하였기 때문이다.

3 스마트 컨트랙트는 프로그래밍 언어로 구성된다는 점에서 인간이 사용하는 자연어(Natural Language)로 작성되는 일반 계약과 구별된다.

사자들이 계약에서 정한 조건이 성취(예: 대여금 채권의 변제기 도래)되었음에도 불구하고 타방이 이를 이행하지 않을 경우 계약 이행을 강제하기 위해 공권력의 도움을 받아야 한다. 주지하다시피 여기서 말하는 공권력은 법원의 판결 등에 기한 집행권원이다. 타방 당사자가 계약을 자발적으로 이행하지 않으면, 부득이 법원에 소를 제기하거나 중재원에 신청을 하여 승소 판결이나 중재판정서 같은 집행권원을 부여받아야 하고, 강제집행에 개시하여 실행해야만 한다. 이 과정에서 시간, 비용 등 많은 자원이 소요된다. 하지만 스마트 컨트랙트는 이렇게 과다한 자원을 소비하지 아니하고 번거로운 절차를 거치지 않으면서도 계약 이행을 담보할 수 있다. 알고리즘의 입력과 실행에 따른 계약 이행 및 이행 과정을 분산장부에 기록하여, 신뢰에 바탕을 둔 거래관계를 담보하기 때문이다. 코딩된 조건이 충족되면 계약을 자동으로 이행(블록체인 플랫폼 안에서 구동되는 암호화폐)해 주는 것을 스마트 컨트랙트의 자동실행성(Self-execution)이라고 부른다.[4] 계약 이행 단계에 인간의 손길이 필요하지 않도록 만든 것으로, 스마트 컨트랙트만이 가지고 있는 강한 특징이다.

또한 스마트 컨트랙트는 일반 계약과 비교하여 위·변조가 대단히 어

4 스마트 컨트랙트를 Automated Self-enforced Agreements 즉 '자동화된 자체 이행계약'이라고 부르기도 한다. 이것을 풀어서 설명하면 계약 당사자가 알고리즘을 활용해 계약의 내용과 조건을 미리 설정하고, 조건 성취 여부는 인간이 아닌 컴퓨터가 판단하여, 조건 성취 시 블록체인 플랫폼에 기재된 자산에 관하여 계약 내용이 자동으로 이행되도록 하는 것을 말한다. 뒤에서도 얘기하겠지만 블록체인과 스마트 컨트랙트의 이런 특징이 부동산 토큰화와 맞물려 자산 유동화를 위한 찰떡궁합을 과시하게 된다.

렵다는 특성을 가지며 일단 블록체인에 등록되면 내용을 수정·삭제하는 것이 대단히 까다롭다. 이유는 블록체인의 구조 자체에 있는데, 앞에서도 설명했지만 블록체인 네트워크에서는 거래 정보가 담긴 블록이 생성되고, 이 블록이 모든 참가자들의 노드에 분산 저장되면서 참가자들로부터 유효성을 검증·승인받으며, 승인된 블록은 이전 블록과 연결되고 그 사본은 각 참가자들의 노드에 분산 저장된다. 그 결과 특정인이 일부 블록의 정보를 조작하려면 블록체인에 참여한 다른 노드들의 정보까지도 한꺼번에 조작(통상적으로 전체 참여자의 과반수 이상이라고 말한다)해야 하기 때문에 사실상 위·변조가 불가능한 거래 불변성(Immutability)의 특징을 띠게 된다.

스마트 컨트랙트의 위와 같은 특징은 블록체인 기술에 내재한 속성에서 비롯되므로 스마트 컨트랙트와 블록체인은 불가분의 관계라 할 수 있다.

3. 자산 토큰화와 스마트 컨트랙트의 융합

블록체인 기반 응용프로그램의 종류와 범위는 매우 다양하고 넓다. 그중 현재까지 가장 활성화된 것은 ICO(Initial Coin Offering)라고 불리는 초기 코인공개다. IPO(Initial Public Offering, 기업공개)에서 따온 용어인 ICO는 새로운 암호화폐를 만들기 위하여 불특정 다수로부터 초기 투자자금을 모금하는 과정을 말한다. 2021년 3월 기준으로 코인마켓

캡이 집계한 세계 암호화폐 거래소에 등록된 암호화폐의 개수만도 무려 8,899개에 달했다. 하지만 지난 수년간 ICO 프로젝트 중 다수는 많은 우려를 낳았고, 실제 부작용을 양산하기도 했다. 이런 토큰 중 다수는 내재가치 없이 부실한 백서(White Paper)에 기초하여 발행된 경우가 많았다. 최근 암호화폐 거래소 업비트는 "팀 역량 및 사업, 정보 공개 및 커뮤니케이션, 기술 역량, 글로벌 유동성을 종합적으로 평가한 내부 기준에 미달해 투자자 보호를 위한 조치가 필요할 것으로 판단했다"면서 25개의 암호화폐를 상장폐지의 전 단계인 투자 유의 종목으로 지정하여 투자자들에게 충격을 준 바 있다.[5]

심지어 거래소가 ICO 프로젝트를 악용하여 부당이득을 취하기도 한다. 법원은 차명 계좌를 만들어 암호화폐 거래량을 허위로 부풀리고, 존재하지도 않는 암호화폐와 원화가 실재하는 것처럼 허위로 입력하여 고객을 속인 거래소 대표에 대하여 사전자기록등위작 및 위작사전자기록등행사, 사기 등 죄로 징역 3년과 344,647,589원의 추징을 선고한 바 있고,[6] 최근에도 코인 발행자와 거래소가 아예 상장 전부터 시세조종을 공모하고 가격을 30배 띄우는 등 방법으로 투자자들을 기망함으로써 일상

5 "업비트, 25개 코인 무더기 유의종목 지정… 투자자 '패닉'", 서울경제 2021. 6. 11. 입력. 출처: https://www.sedaily.com/NewsVIew/22NLG68QIQ

6 서울남부지방법원 2019. 1. 17. 선고 2018고합181 판결 [사기·특정경제범죄 가중처벌 등에 관한 법률 위반(횡령)·업무상횡령·업무상배임·사전자기록 등 위작·위작사전자기록 등 행사·범죄수익 은닉의 규제 및 처벌 등에 관한 법률 위반·공전자기록 등 불실기재·불실기재 공전자기록 등 행사·상법 위반·사전자기록 등 위작 방조·위작 사전자기록 등 행사 방조]

적으로 부당이득을 취하고 있다는 사실이 밝혀지기도 하였다.[7]

이렇듯 암호화폐에 대한 우려가 전반적으로 고조되는 듯 보이지만, 오히려 지금이 암호화폐의 옥석이 가려지는 때라고 보는 시각도 많다. 그동안 부실한 사업계획과 백서에 기초해서 마구잡이로 진행되어 온 대다수 ICO 기반 암호화폐 프로젝트의 한계가 명징하게 드러나고 있다는 것이다. 이에 뜬구름 잡는 사업계획이 아닌, 상업용 건물 등 부동산에 기반한 '증권형(Security) 토큰'이 근래 들어 점차 주목을 받고 있는 상황이다. 그런데 여기서 말하는 '토큰'이란 무엇일까?

암호화폐라고 하면서 '코인'과 '토큰'을 혼용해서 쓰는 경우가 많다. 코인과 토큰 모두 블록체인 기반으로 암호화 기술을 사용하여 제작된 것이라는 점에서는 같지만, 근래 들어서는 양자를 구별하는 의미로 사용되는 경우가 점점 일상화되고 있다. 이에 따라 실제로 코인과 토큰은 몇 가지 점에서 차이가 있는 것으로 보고 있다.

우선 코인은 자체 블록체인 네트워크를 바탕으로 독립적인 생태계를 구성하고 있는 암호화폐를 말한다. 비트코인처럼 다른 플랫폼에 종속되지 않으면서 독립적으로 존속하는 지불형(Payment) 코인과, 이더리움처럼 독자적인 네트워크(플랫폼)를 가지면서 이 네트워크 안에서 여러 가지 응용프로그램(애플리케이션, 앱)이 돌아갈 수 있게 만든 '플랫폼 코인'이 여기에 해당한다.

반면 토큰은 독자적인 블록체인 네트워크 없이, 다른 플랫폼 위에

---

7 "거래소 '슈퍼계정' 통해 코인 가격 30배 부풀려", 한국경제 2021. 6. 3. 입력. 출처: https://www.hankyung.com/economy/article/2021060321221

서 어떤 특정한 용도로 사용하기 위해 개발한 암호화폐이다. 개별 토큰의 전송에 관해서는 다른 블록체인 플랫폼을 기록 원장(Ledger)으로 사용한다. 쉽게 말해 독립적인 블록체인 네트워크를 가진 암호화폐는 '코인', 그런 네트워크 없이 다른 플랫폼에서 파생되어 만들어진 암호화폐는 '토큰'이라 부른다. 그리고 토큰은 그 경제적 기능에 따라 지불형 토큰(Payment Tokens), 유틸리티 토큰(Utility Tokens). 자산형 토큰(Asset Tokens)으로 분류된다.[8] 그리고 본 논고의 중심 주제인 증권형 토큰은 위 분류 중 자산형 토큰에 해당한다.

토큰을 코인으로 만드는 데는 대략 다음의 과정을 거치게 된다. 먼저 ICO를 통해 토큰을 판매하여 투자자들로부터 투자금을 모은다. 그런 다음 자체 블록체인 네트워크를 구축하기 전에 테스트넷[9]을 만들어 시험한다. 이런 과정을 거치는 이유는 블록체인 메인넷 개발에 많은 자금, 개발시간, 기술력을 요하기 때문이다.

그런데 앞서 언급하였듯이 지난 몇 년간 막연한 사업계획을 바탕으로 진행되었다가 좌초된 코인 프로젝트들이 너무 많았던 관계로, 최근 시장 참가자들은 실체가 없거나 뜬구름 잡는 사업계획 대신 뭔가 확실한 내재가치를 가진 암호화폐의 등장을 기대하기 시작하였다. 투자자 입장에서 가장 중요한 것은 수익성과 안정성이다. 블록체인 메인넷 개

---

8 스위스의 금융감독기구 FINMA가 2018년 발표한 ICO 가이드라인을 참고하였다. 출처: https://www.finma.ch/en/news/2018/02/20180216-mm-ico-wegleitung/

9 실제 메인 블록체인 네트워크를 출범하기 전에, 테스트 목적으로 메인넷과 같은 구조로 만드는 임시 네트워크를 말한다.

발에 투자하여 대박을 터뜨리면 좋겠지만, 그것의 성사 가능성이 너무 낮고 위험하다면 그런 프로젝트에 참가해도 괜찮을까? 굳이 블록체인 메인넷을 만들 필요 없이, 이더리움 등 다른 블록체인 상에서 개별 프로젝트를 진행하면 되는 것 아닐까? 막연한 사업계획 말고 뭔가 구체적인 내재가치에 기반한 암호화폐는 없는 걸까? 이런 복합적인 생각이 실타래처럼 엉키다가 씨줄과 날줄로 엮이기 시작하였고, 최근에야 부동산, 주식, 채권 등 실물자산을 블록체인에 페깅(고정)한 '증권형 토큰 발행(STO)'의 가능성에 주목하게 되었다. 일례로 카사코리아는 2020년 12월 국내에서 처음으로 부동산 디지털유동화증권(Digital Asset Backed Securities, DABS) 거래 서비스를 제공하기 시작하였는데, 이는 금융위원회가 2019년 12월 혁신금융서비스(규제 샌드박스)로 지정하면서 해당 서비스를 추진할 수 있는 법적 기반이 마련되었기에 가능했다.

우리나라의 이런 움직임은 금융 선진국들과 비교하면 그다지 빠른 건 아니다. 주지하다시피 우리나라는 2017년 9월 국내 ICO를 전면 금지한다고 발표한 바 있다. 이와 대조적으로 스위스의 금융감독기구FINMA(Financial Market Supervisory Authority)는 2018년 2월 암호화폐 발행을 통한 자금조달(ICO)의 가이드라인을 발표하였는데, FINMA는 ICO 가이드라인이 ICO에 대한 투명성을 창출함으로써 블록체인 기술의 혁신적인 잠재력을 인식하고 이를 진흥하기 위한 차원에서 나온 것임을 밝힌 바 있다. FINMA 측은 "혁신가들은 규제 환경을 살펴볼 수 있을 것"이고, "투자자와 금융 시스템의 무결성을 준수하는 스위스 법률을 준수하면서 프로젝트를 시작할 수 있을 것"이라는 기대를 밝힌 바 있다. 한국도 ICO를 전면적으로 금지할 게 아니라[10] 스위스처럼 경제적 기능에 따라 분류하여 기존의 금융시장 규제 안으로 포섭했다면 보다 명확하고 신속·선제적으로 관리할 수 있었다는 아쉬움이 남는다. 결과적으로 우리나라에서는 지불형, 유틸리티형, 자산형 ICO와 STO를 비롯한 모든 암호화폐 생태계의 관문이 한동안 막혀 있었던 셈이다.

하지만 앞서 소개한 것처럼 우리나라 정부도 STO의 필요성에 공감하여 규제 프레임워크를 다져나가는 중이다. 카사코리아의 DABS는 혁신 금융서비스로 지정됨에 따라 최대 4년간 금융법상 인허가·영업행위 등에 대한 규제가 유예 및 면제되었을 뿐만 아니라, 기간이 종료되더라도 시장안착을 위해 인허가 심사 절차를 지원받고 입법조치 권고와 배타적 운영권(2년 이내)을 부여받을 수 있어 안정적인 사업 추진의 바닥을 다진 상태로 이 외에 루센트블록, 펀드블록글로벌, 엘리시아도 블록체인 기반 부동산 유동화 서비스를 준비하거나 제공 중이다. 한편, 예탁결제원은 2021년 4월 조달청 나라장터를 통해 증권형 토큰 발행(STO) 플랫폼 개념검증 수행사업자를 선정하여 '분산원장 기반 STO 증권 인프라망'과 'STO 발행·결제가 통합된 인프라 플랫폼'의 개념 검증 등을 사업 목표로 하여 종국적으로 상장 증권뿐 아니라 소액공모, 장외파생상품 등 다른 비상장 증권으로 확장 가능한 표준 분산원장을 설계할 계획이다.[11]

---

10 기실 ICO를 금지한다는 명시적인 법 제도가 있는 것도 아니어서, 금지된다고 보기도 어려운 애매한 상황이 이어져 오고 있었다.

11 "예탁결제원, 증권형 토큰(STO) 실험 나선다", 코인데스크코리아, 2021. 5. 6. 입력. 출처 : https://www.coindeskkorea.com/news/articleView.html?idxno=73643

바야흐로 증권형 토큰이 부상하고 있다.

증권형 토큰을 발행하기 위해서는 그것이 운용되고 거래정보를 기록할 블록체인 네트워크와, 플랫폼 안에서 계약관계를 규율하게 될 스마트 컨트랙트가 필요하다. 스마트 컨트랙트의 특징 중 하나인 자동실행성(Self-execution)이 자산유동화를 주목적으로 하는 증권형 토큰 거래(매도·매수 등 계약의 체결과 이행)의 활성화를 촉진하기 때문이다. 스마트 컨트랙트에서 코딩된 조건이 충족되면 블록체인 플랫폼에 프로그래밍된 소프트웨어가 사전에 입력된 코드를 실행하여 계약을 자동으로 이행한다. 즉, 계약 당사자는 계약의 내용과 조건만 사전에 합의하면 되고, 계약 조건의 성취 여부는 컴퓨터가 자동으로 판단해서 계약 이행 여부까지 처리하기 때문에 거래의 신속성과 효율성을 촉진한다.

나아가 스마트 컨트랙트에 의할 경우 누구나 P2P 네트워크를 통해 블록체인 플랫폼에 기록된 거래내역을 투명하게 확인할 수 있기 때문에, 증권형 토큰에 관한 계약 조건 성취 여부의 위·변조는 사실상 불가능하다. 그 결과 거래소 같은 제3자가 개입할 수도 없어 암호화폐 거래소에서 발생하는 모럴 해저드 문제[12]가 발생할 여지도 거의 없게 된다.

정리하면, 블록체인 기술에 내재한 스마트 컨트랙트의 특징이 증권

---

12 앞에서 본 서울남부지방법원 2019. 1. 17. 선고 2018고합181 판결 사안 외에도, 거래소가 직접 투자했거나 관계사가 투자한 암호화폐를 자사 거래소에 상장한 후 수천억 원의 차익을 거두는 식의 모럴 해저드가 만연한 상태다. "'셀프상장 후 되팔기'로 수천억 차익…암호화폐 거래소 모럴해저드 '철퇴'", 서울경제, 2021. 6. 3. 입력. 출처: https://signalm.sedaily.com/NewsView/22NHST4E35/GZ01

형 토큰의 다음 두 가지 요구사항을 만족시킨다.

첫째, 효율성. 스마트 컨트랙트는 블록체인 플랫폼에서 전자 계약으로 이루어진다. 스마트 컨트랙트의 자동실행성은 계약 불이행의 문제를 현격히 줄임으로써 계약 이행 비용과 불이행 시 쟁송 비용을 최소화할 수 있다.

둘째, 투명성. 증권형 토큰은 블록체인 플랫폼상에 거래내역이 기록되기 때문에 참가자 모두가 장부를 열람할 수 있다.

그리고 스마트 컨트랙트가 만족시키는 위 두 가지 요소로 말미암아 증권형 토큰도 다음 세 가지 목표를 달성할 수 있게 된다.

첫째, 유동성. 증권형 토큰 발행을 통해 부동산·선박·채권·주식 등 다양한 형태의 실물자산[13]을 잘게 쪼개어 분할할 수 있고, 이로써 해당 실물자산을 보다 쉽게 거래할 수 있다.

둘째, 안정성. 증권형 토큰은 실물자산을 기반으로 한 증권의 성격을 가지고 있으므로, 자본시장 및 금융투자업에 관한 법률 등 전통적인

13 이뿐만 아니라 금·은·보석 같은 귀금속, 석유·철강·희토류 같은 원자재, 커피나 차(茶) 같은 소비재, 그림·조각 같은 미술작품, 특허·상표·라이선스·저작권 같은 무체재산권에 이르기까지 그 범위에 제약이 없을 것으로 전망한다.

법체계의 규제를 받을 수 있다.[14]

셋째, 접근성. 일반 투자자들이 재정적인 장벽으로 인해 투자할 수 없었던 비유동성 고가 자산에 투자할 수 있게 된다.

요컨대 스마트 컨트랙트와 증권형 토큰의 융합을 통해 법적 안정성이라는 토대 위에 자산 유동성과 접근성의 증대, 비용 절감, 거래의 투명성이 확보될 수 있다.

스마트 컨트랙트는 부동산을 포함한 비유동성 자산의 거래에 관한 새로운 비즈니스모델을 구축하는 핵심적인 인프라가 된다. 비유동성 자산에 대한 권리를 거래 가능한 토큰으로 만드는 자산 토큰화의 범주에는 제약이 없어 보이지만, 그중에서도 사람들이 가장 많이 관심을 가지고 있으면서도 재정적 측면에서 진입 장벽이 높은 자산이 '부동산'이었다는 점에서 자산 토큰화의 첫 바늘은 부동산이 꿰게 될 것이다. 이런 점에서 스마트 컨트랙트와 부동산 토큰화는 불가분의 관계가 될 것이다.

---

14 참조할 수 있는 법률이 있다는 것은 다행스러운 일이다. 한 분야를 뭉뚱그려 규제하는 '깜깜이 규제'와 규정의 한 획도 고쳐지지 않는 '요지부동 규제'로부터 벗어날 수 있는 기회가 열리기 때문이다.

4. 스마트 컨트랙트의 한계

이쯤에서 질문을 하나 던져보자. 스마트 컨트랙트는 어떻게 해서 작명(作名)이 된 걸까? 말 그대로 '스마트'하고 똑똑한 계약이어서 이렇게 이름이 지어진 걸까? 흥미로운 건 스마트 컨트랙트라고 명명된 이유가 '스마트'와는 거리가 멀다는 점이다.

비탈릭 부테린은 2015년 암호화폐 이더리움을 개발하였고, 여기에 스마트 컨트랙트 기능을 구현하면서 개발자가 직접 계약 조건과 내용을 코딩할 수 있도록 하였다. 하지만 비탈릭 부테린은 '스마트 컨트랙트'라는 단어를 채택한 것을 후회하며, '지속가능한 스크립트(Persistent Scripts)'와 같은 기술적 용어를 사용하는 것이 나았을 것이라는 언급을 한 바 있다.[15] 이더리움에 대해 불필요한 선입견이 생길 수 있다는 게 그 이유다. 부테린이 설명한 것처럼 실제 이더리움에서 스마트 컨트랙트는 그다지 스마트하지 않고, 법적인 의미에서의 계약(Legal Contact)도 아니라는 점에서 그다지 적절한 용어라고 할 수는 없다. 오히려 이더리움 블록체인에서는 스마트 컨트랙트에 대해 다음과 같이 설명하고 있다.[16]

---

15 2018. 10. 14. 그의 트위터 계정(https://twitter.com/VitalikButerin)을 통해 밝힌 바 있다. "To be clear, at this point I quite regret adopting the term "smart contracts". I should have called them something more boring and technical, perhaps something like "persistent scripts".", 출처: https://twitter.com/vitalikbuterin/status/1051160932699770882?s=12

16 "Smart Contracts and Solidity", 출처: https://github.com/ethereumbook/ethereumbook/blob/develop/07smart-contracts-solidity.asciidoc#what-is-a-smart-contract

첫째, 컴퓨터 프로그램

스마트 컨트랙트는 단순히 컴퓨터 프로그램이다. 이런 맥락에서 '계약'이라는 단어에는 법적 의미가 없다.

둘째, 불변성

일단 배포된 스마트 컨트랙트의 코드는 변경할 수 없다. 기존 소프트웨어와 달리 스마트 컨트랙트를 수정하는 유일한 방법은 새 인스턴스를 배포하는 것뿐이다.

셋째, 결정론적

스마트 컨트랙트의 실행 결과는 실행을 시작한 트랜잭션의 맥락과 실행 순간 이더리움 블록체인의 상태를 고려할 때, 누구에게나 그 결과가 동일하다.

넷째, EVM(Ethereum Virtual Machine, 이더리움 가상머신) 컨텍스트

스마트 컨트랙트는 매우 제한된 실행 컨텍스트로 작동한다. 스마트 컨트랙트는 자신의 상태, 자신을 호출한 트랜잭션의 컨텍스트 및 가장 최신의 블록에 대한 정보에 액세스할 수 있다.

다섯째, 분산형 월드 컴퓨터

EVM은 모든 이더리움 노드에서 로컬 인스턴스로 실행되지만, EVM의 모든 인스턴스가 동일한 초기 상태에서 작동하고 동일한 최종 상태를 생성하기 때문에 시스템은 전체적으로 단일한 '월드 컴퓨터'로 작동한다.

이처럼 스마트 컨트랙트라는 명칭은 그것의 실제 속성과 특징을 온전히 담아내지 못하고 있으므로 명칭만 가지고 일의적으로 해석해서는 안 된다. 필자 생각에 스마트 컨트랙트는 그 자체로 스마트하지는 않으며, 컴퓨터 프로그램에 불과한 것도 맞다. 하지만 정작 중요한 것은 스마트 컨트랙트가 법적 계약으로서의 성격을 가질 수 있느냐 없느냐다. 종이로 된 문서에 의하든, 전자계약에 의하든, 스마트 컨트랙트에 의하든 간에 당사자 간의 의사 합치를 이루어낼 수 있다면 그것은 법적 의미로서의 계약이 될 수 있다.[17] 스마트 컨트랙트가 프로그램 코드의 형식을 갖고 있다는 사실은 중요하지 않다. 다만 스마트 컨트랙트가 말 그대로 '스마트'하지는 않을 수 있다는 점을 염두에 두고 그 한계를 파악하여 장점은 취하고 단점은 보완하는 채장보단(採長補短)의 지혜가 필요할 뿐이다.

스마트 컨트랙트가 완벽하게 스마트하지 않다면, 전통적인 계약(Contract)과 관계에서 어떤 면에서 충돌하게 될까? 그리고 기존 계약 체계에 포섭되는 과정에서 어떤 한계를 노출할까? 이 질문에 답하기 위해서는 먼저 스마트 컨트랙트를 구성하고 있는 코드와 프로그래밍 언어에 대한 이해가 선행되어야 할 것이다.

스마트 컨트랙트는 프로그래밍 언어로 제작된다. 앞서 언급했듯이 스마트 컨트랙트의 특징 중 하나는 인간의 개입 없이 계약 이행을 자

---

17 같은 의견으로 김제완, "블록체인 기술의 계약법 적용상의 쟁점 - '스마트계약(Smart Contract)'을 중심으로 -", 법조(Vol. 727, 2018. 2.)

동으로 실행하는 것인데, 이를 위해서는 계약 조건을 컴퓨터가 인식할 수 있는 형태인 '코드'로 작성해야 한다.[18] 그런데 코딩을 하기 위해 필요한 프로그래밍 언어는 경직적이어서 유연성이 떨어진다. 그럴 수밖에 없는 것이, 본래 컴퓨터는 십진법이나 이진법에 따라 절대적이고 경직적인 기계어[19]로 구성된 프로그램만을 이해할 수 있도록 프로그래밍 되었기 때문에, 인간이 사용하는 자연어로 코딩하는 것은 매우 어려운 일이다. 물론 프로그래밍 언어도 세대를 거치면서 점점 인간 친화적(인간이 읽고 이해하기 쉽게)으로 발전되어 왔지만, 그래도 여전히 경직적인 건 매한가지다. 스마트 컨트랙트의 자동 실행성, 거래비용 절감, 계약이 확실한 이행보장, 높은 객관성과 예측 가능성 같은 장점을 달성하기 위해서는, 명확하고 경직된 프로그래밍 언어에 의존할 수밖에 없다.

이에 따라 'if…then'의 구조로 되어 있는 스마트 컨트랙트 또한 '경직성'이라는 성질을 띠게 된다. 제작 단계부터 계약 체결 후에 발생할 수 있는 여러 가지 경우의 수를 예측해서 스마트 컨트랙트 안에 삽입해야 하는데, 그러려면 그런 경우의 수들을 컴퓨터가 이해할 수 있는 명확한 조건문으로 입력해 주어야 한다. 그 결과 스마트 컨트랙트의 경직성은 전통적인 계약언어 즉 자연어의 모호성을 담아내는 데 한계를 갖는다.

예를 들어 자연어로 작성된 계약서에는 "신의성실의 원칙에 따라",

18 참고로 닉 사보는 전통적인 계약을 구성하는 일상어나 자연어를 'Wet code', 스마트 컨트랙트를 구성하는 언어를 'Dry code'라고 일컬어 양자를 구별하였다.
19 중앙처리장치가 해독하고 실행할 수 있는, 비트 단위로 구성된 컴퓨터 언어.

"일방적으로", "상충하는 부분에 한하여", "지장이 없도록" 등 여러 가지 개방적이고 불명확하면서 모호한 표현들을 사용하는데, 프로그래밍 언어로 이와 같은 표현들을 작성하는 것은 매우 어려운 일이다. 인간들이 계약서에서 사용하는 법률용어는 여러 가지 사회적 맥락 하에서 기능하는 것이어서, 해당 단어의 의미는 고정적이지 않고 상황에 따라 가변적이기 때문이다. 자연어로 작성된 전통적인 계약은 경우에 따라 해석에 다툼의 소지를 남기지만, 거래의 융통성과 구체적 타당성을 조율하는 데 도움이 되기도 한다.

가령 계약 조건 위반 시 계약이 해지되도록 하는 조항이 있고, 일방이 계약 조건을 위반하였다고 가정하자. 이런 때에도 양 당사자가 협의하여 계약 자체가 해지되거나 파기되지 않게끔 하여 상호 윈-윈의 계약관계를 유지할 수도 있을 것이다. 하지만 스마트 컨트랙트의 경우 계약 조건 위반이 감지되는 즉시 자동으로 계약 해지가 실행되므로, 양 당사자의 협의에 의한 유연하고 융통성 있는 해결방법이 원천적으로 차단되고 만다. 물론 스마트 컨트랙트에 계약 조건의 경중에 따라 당사자 간에 조율할 수 있는 조건을 삽입함으로써 융통성을 도모할 수도 있겠지만, 그런 개별적인 경우의 수를 예측하여 코딩을 통해 프로그램에 미리 삽입해두어야만 가능하다는 점에서 그리 간단한 해결책은 아니다.

전통적인 계약과 달리 스마트 컨트랙트는 계약 내용과 조건을 쉽사리 변경할 수 없다(불변성, Immutability). 불변성이라는 특징은 참가자들에게 블록체인 네트워크에 기록된 데이터에 대한 신뢰를 불어넣어 준다. 이 특징은 스마트 컨트랙트를 다양한 비즈니스 영역에 적용하는 데 양날의 검으로 작용하기도 한다. 스마트 컨트랙트는 한 번 블록체인 플랫폼에 등록되면 그 내용을 수정하는 게 대단히 어렵고, 실행을 중단시키기도 어렵다. 거래관계의 구체적 타당성을 위해 때로는 계약 내용을 변경해야 할 때도, 삭제 또는 수정해야 할 때도 있을 수 있지만, 스마트 컨트랙트에서는 이런 행위들이 상당히 제약된다. 장점이라는 이면 뒤에는 단점도 숨어 있는 것이다.

5. 해법의 모색 — 스마트 컨트랙트에 유연성과 융통성 불어넣기

스마트 컨트랙트의 단점을 해결하기 위한 방법으로 자주 거론되는 것이 오라클(Oracle) 기능이다. 오라클 기능이란 블록체인 외부의 정보를 블록체인 안으로 호출하는 것을 말하며, 스마트 컨트랙트에서는 계약 내용이나 조건의 일부를 장래에 보충하고 싶을 때 오라클 기능을 사용한다. 이때 블록체인 외부에서 트랜잭션이 발생하는 것을 오프체인(Off-chain)이라고 하고, 블록체인 안에서 트랜잭션이 발생하는 것을 온체인(On-chain)이라고 한다.

예를 들어 A와 B 사이에 내일 비가 내릴지(A) 안 내릴지(B)를 놓고 100ETH의 내기를 걸었다고 치자. A와 B는 스마트 컨트랙트로 계약을 체결하면서 진 사람이 이긴 사람의 계좌로 100ETH를 송금하는 프로그램 코드를 작성하는 데 합의하였다. 이 계약에서 가장 중요한 조건이자 큰 문제는 그 다음날 실제로 비가 내렸는지 안 내렸는지를 누가 어떻게 판단해서 스마트 컨트랙트의 블록체인 네트워크 안으로 호출하느냐다. 이때 오라클은 다음날의 기상 상황과 우천 여부를 오프체인에서 가져와 온체인으로 보내는 역할을 한다. 그러면 블록체인 상의 스마트 컨트랙트가 이 정보를 활용하여 송금과 수금 주체를 결정하게 된다.

오라클은 블록체인 외부 세계의 정보를 들여옴으로써 스마트 컨트랙트의 경직성과 불변성을 다소 완화하여 준다. 전적으로 블록체인의 통제를 받는 스마트 컨트랙트는 온체인 안에 있는 정보만 가지고 계약의 실행 여부를 결정하기 때문에 경직적일 수밖에 없다. 하지만 오라클 기능을 통해 계약 당사자는 개방적이고 모호한 계약 조건도 블록체인 안에 넣을 수 있게 된다. 장래에 오라클을 통해 계약 조건의 충족 여부를 외부에서 가져와 확정할 수 있기 때문이다.

물론 오라클 기능도 완벽한 것은 아니다. 블록체인 기반의 스마트 컨트랙트에는 오라클 문제(Oracle Problem)가 발생할 수 있다. 오라클 문제란 오프체인에 있는 데이터를 온체인으로 가져올 때 발생할 수 있는 문제를 말한다. 예컨대 앞에서 본 내일 비가 내릴지를 놓고 건 내기에서 A가 해당 데이터(다음날 우천이었는지 아닌지)를 입력하는 사람을 매수해서 다음날 비가 안 내렸음에도 불구하고 내린 것으로 입력하게 했다고 치자. 그러면 B가 아닌 A가 내기에서 승리하는 문제가 발생한다. 블록체인 네트워크에 기록된 데이터는 위·변조가 불가능하지만, 외부 세계(오프체인)의 데이터를 블록체인에 들여와 기록하는 과정에서 위·변조가 발생할 수 있다. 즉, 오프체인과 온체인 사이에서 데이터를 온체인으로 입력하는 중간자 역할을 하는 사람 또는 장치의 신뢰성에 대한 의문이 발생하는 것이다.

탈중앙 분산화를 추구하여 중앙권력이 존재하지 않는 블록체인에 데이터를 입력할 중간자, 그를 신뢰할 수 있는 특별한 방법이 있을까? 이러한 현재 오라클 문제를 해결하기 위해 여러 가지 연구들이 진행되고 있다. 블록체인 네트워크 내에 자체적인 오라클 모델 없이 오라클 전문 미들웨어를 두거나, 이마저도 완벽하지 않기에 블록체인 네트워크 참가자들이 직접 외부로부터 정보를 들여오는 오라클의 탈중앙화 메커니즘을 연구하는 것 등이 그것이다.

'완벽하지는 않지만, 혁신적이고 중립적인 기술을 누가 어떻게 씨줄과 날줄로 엮어 비즈니스모델로 만들어 낼까?'라는 고차 방정식에서 가장 큰 변수는 사람이다. 일례로 글로벌 SNS 서비스 업체인 페이스북은 가짜뉴스를 막고 '페이크북(Fake Book)'이라는 오명을 씻기 위해 알고리즘을 정비한다. 위험한 콘텐츠로 판단하는 기준을 강화하는 등 기술적인 조치를 취하였으나, 큰 효과가 없자 뉴스의 진위 여부를 기자나 인권 및 표현의 자유 전문가 등으로 구성된 위원회에서 판단하는 방법을 도입하고,[20] 국제 팩트체크 네트워크(International Fact-Checking Nctwork, IFCN)의 인증을 받은 독립 기관들과 협력하여 효과를 보고 있

20 "페이스북, 미 대선 앞두고 콘텐츠 심의위원회 출범", 연합뉴스TV, 2020. 9. 25. 입력. 출처: https://www.yonhapnewstv.co.kr/news/MYH20200925016800038?did=1825m

다.[21] 인공지능 기술이 완전하지 않음을 자인하고 전문가 네트워크를 구성해 대응에 나선 것이다.

스마트 컨트랙트의 장·단점이 존재하는 이상, 비즈니스 영역에서는 스마트 컨트랙트가 적합한 영역과 그렇지 않은 영역을 분별하는 것에서부터 시작해야 하고 양자를 분별함에 있어서는 해당 업종에 있는 전문가의 도움이 필요하다.

스마트 컨트랙트 제작 초기에는 당사자 사이에 먼저 자연어로 계약 조건을 정리한 합의문을 작성한 다음 이를 바탕으로 프로그래밍 언어로 된 스마트 컨트랙트를 작성하는 방식이 주를 이룰 것으로 예상되며 이 방식에 따르면 먼저 당사자 간에 자연어로 작성할 합의문에 대한 법률 검토가 선행된다. 그런 다음 합의문의 내용을 스마트 컨트랙트로 프로그래밍하는 과정에서 법률가와 컴퓨터 공학자·프로그래밍 전문가·개발자가 투입되어 상호 협업할 필요가 있다. 프로그램 코드에 담을 계약 내용과 조건에 대한 기술적·법률적 검토가 동시에 수행되어야 하기 때문이다. 자칫 잘못하면 프로그래밍 전문가·개발자가 프로그램 코드를 잘못 작성하거나, 법률가의 설명이 부족하거나, 법률가에서 프로그래밍 전문가로 전달하는 과정에서 오해가 생겨 스마트 컨트랙트의 계약 내용에 왜곡이 발생할 수 있기 때문에 매우 신중하고 정확하게 접근해야 한다. 이 과정(스마트 컨트랙트 제작 과정)에는 계약법 전문 변호사와 컴퓨터공학 전문가가 필요하다.

21 "페이스북이 가짜뉴스·계정 잡는 방법은", 비즈니스워치, 2018. 9. 5. 입력. 출처: http://news.bizwatch.co.kr/article/mobile/2018/09/05/0017

거듭 강조하는바 자산 토큰화 사업의 메타인지는 법·제도적 애로 사항과 기술적 난관을 분별하느냐 그렇지 못하느냐에 따라 판정될 것이다.

6. 기술이라는 씨줄과 비즈니스라는 날줄 엮기

아무리 혁신적이라고 해도 세상에 완벽한 기술은 존재하지 않는다. 블록체인, 스마트 컨트랙트, 오라클 기능 모두 저마다 장점과 단점을 지니고 있다. 기술은 중립적이다. 그래서 비즈니스의 성패는 기술이 아닌 '사람'에게 달려 있는 건지도 모른다.

복잡계에서는 세상이 움직이는 모습이 눈에 뚜렷하게 들어오지 않는다. 아직 스마트 컨트랙트를 활용한 증권형 토큰과 자산(부동산) 토큰화가 법제화되지 않은 현 상황에서, 회색빛으로 뿌옇게 안개가 낀 저 너머에 무엇이 기다리고 있을지를 분별하는 것 또한 결국 사람의 몫이다.

혁신적인 기술과 복잡계. 중립적인 기술과 변화하는 세상. 어쩌면 부동산 토큰화는 다가오는 기회의 첫 단추에 불과할지도 모른다.

참고문헌

- 고유강, "부동산 거래에의 스마트계약 도입과 관련된 법적 문제들 – 코드와 자연어 사이의 괴리, 블록체인과 현실 세계 사이의 간극 –", 법조 제69권 제4호, 법조협회(2020. 8.), 212~256면.
- 김병필·전정현, "블록체인 기술의 활용 범위에 관한 비판적 고찰", 정보법학 제23권 제1호, 한국정보법학회(2019. 4.), 153~180면.
- 김승래, "부동산거래의 블록체인에 의한 스마트계약 체계", 부동산법학 제22집 제3호(2018. 11.), 93~124면.
- 김제완, "블록체인 기술의 계약법 적용상의 쟁점 – '스마트계약(Smart Contract)'을 중심으로 –", 법조 제67권 제1호, 법조협회(2018. 2.), 150~200면.
- 김현수, "블록체인 기반 스마트 컨트랙트와 계약법적 쟁점에 관한 소고", 법학논총 Vol.44, No.2, 법학연구소(2020. 6.), 171~192면.
- 박기주, "스마트 계약과 부동산거래 시스템 – 블록체인 기술의 부동산거래 적용가능성을 중심으로 –", 은행법연구 제12권 제1호(2019. 5.), 137~167면.
- 이규옥, "블록체인 기술 기반 스마트 컨트랙트에 관한 법적 연구", 성균관대학교 박사학위 논문, 2019.

제3장

토큰 도입 전 부동산 수익권 지위 양도는 어떻게 이루어지고 있나?

윤보현

1. 부동산 수익권이란

부동산 증권화 관련 제도는 부동산 소유권 관리를 중심으로 하는 부동산 신탁과 투자 목적으로 모은 자금을 부동산에 투자하기 위한 Vehicle로 리츠(Real Estate Investment Trust), 부동산 펀드 제도가 있다.

엄밀히 말하면 부동산 수익권은 부동산 신탁(신탁형 부동산 펀드 포함)을 전제로 한다. 위탁자가 보유한 부동산을 수탁자에게 이전하거나 위탁자가 제3자로부터 부동산을 취득함과 동시에 수탁자에게 이전하는 방식으로 신탁을 설정한 경우 위탁자가 지정한 수익자가 신탁 부동산의 경제적 이익을 향유할 수 있는 일체의 권리를 의미한다.

그러나 부동산 수익권이라는 용어는 부동산에 대한 권리를 광범위하게 표현하는 의미로 널리 구별 없이 쓰이고 있다. 수익권의 내용은 계약 및 관련 법률에 의해 정의되므로, 단순히 금전을 수취할 수 있는 권리에 한정되지 않고 수익권자의 지위에서 행사하는 권한과 의무도 있으므로 단순한 금전채권은 아니다. 편의상 본서에서 부동산 수익권은 투자자가 수익권자 지위에서 부동산 신탁계약의 규정에 따라 향유할 수 있는 일체의 권리와 의무로 정의하고자 한다.

리츠는 투자자들이 상장된 주식을 거래하는 경우가 많으므로 거래의 유동성 측면에서 별다른 불편함이 없다. 그러나 상장된 주식으로 거래되기 힘든 부동산 신탁 내지 신탁형 부동산 펀드의 수익권은 거래가 매우 불편한 것이 현실이다.

2. 부동산 신탁 수익권

부동산 신탁은 부동산 소유자가 소유권을 부동산신탁회사에 이전하고 수탁자인 부동산신탁회사는 고객이 맡긴 신탁재산(부동산)을 신탁계약의 목적에 따라 개발, 관리·처분해 주는 제도이다. 부동산 신탁회사로는 전업 부동산신탁회사와 증권사 및 은행의 부동산 신탁 부문이 있다.

부동산 신탁의 수익권은 크게 사업형 신탁인 토지신탁(개발신탁)과 비사업형 신탁인 부동산 담보, 관리 및 처분신탁으로 나눠서 볼 수 있는데, 위탁자가 맡긴 토지를 개발하는 목적의 토지신탁(개발신탁)이 부동산 신탁업의 주된 사업영역이다.

3. 부동산 신탁 수익권 유동성

부동산 신탁은 비사업형 신탁과 사업형 신탁으로 나누어 볼 수 있다. 이러한 분류는 부동산 신탁회사의 입장에서 일반적으로 하는 분류이지만, 부동산 신탁시장에서 일반적으로 사용되고 있다.

비사업형 신탁인 부동산 담보, 관리 및 처분신탁의 경우는 금융차입 또는 소유권 이전관리의 안정성 확보를 목적으로 소유권 관리 자체를 목적으로 하므로 일반적으로 권리의 유통을 전제로 하지 않는다. 담보신탁 담보물의 처분도 부동산의 공매를 통해 부동산 자체를 환가처분하는 것이 일반적이므로 담보신탁의 수익권 자체를 거래의 대상으로 하여 처분하는 사례는 드물다. 담보신탁의 수익권은 채권담보의 부종성으로 인하여 채권양도에 수반되는 거래가 일반적이며 부동산을 담보로 사업자에게 대출을 실행한 금융회사가 일반적으로 담보신탁의 수익권을 취득하고 채무자인 사업자가 채무를 불이행할 때 신탁부동산을 공개 매각해서 현금화하는 수단으로 사용된다. 담보신탁의 수익권이 거래의 대상이 되는 경우는 채권양도에 수반되는 경우에 한정되므로 독자적인 유동화 대상이 되는 경우는 드물다.

사업형 신탁인 토지신탁(개발신탁)의 경우, 개발사업이 PF 대출금 상환 안정성을 확보하는 단계를 넘어가면 시행자는 부동산 신탁 수익권의 유동화에 대한 강한 필요성을 느끼게 된다. 시행자는 투하된 자본의 효율을 올리기 위하여 사업 기간 종료 및 정산 때까지 자본금이 묶여 있지 않기를 원하므로 수익권을 현금화하여 다른 사업에 투자하기를 희망한다.

부동산 개발사업은 필수적으로 개발금융을 이용하게 된다. 개발하고자 하는 부동산의 종류가 주거용이냐 상업용이냐 등 용도별, 개별 입지의 장단점 등에 따라 다양한 LTV(Loan to Value)를 적용받게 되지만 대규모 자본 투자가 필요한 부동산 개발에 있어 개발사업자의 금융조달은 필수적이다. 따라서 조달된 타인자본, 즉 개발금융 대주단의 대출금 상환 시까지 개발사업자는 자신의 투하된 자본을 대부분 회수하지 못하고 유동성에 제약을 받는다. 개발사업자는 분양 등을 통해 대주단의 상환 안정성이 확보된 경우 자신의 투하된 자본을, 현재로써는 비정형화된 사업성 담보 대출 시장에 의존하는 수밖에 없다.

개발사업자, 즉 시행사의 부동산 신탁 수익권을 담보로 하는 대출시장은 일부 부동산신탁사 계열사 및 부동산 PF 금융에 대한 경험이 많은 저축은행 등 2금융권에서 개별 심사를 통해 대출상품으로 운용하고 있으나, 시행자의 자본금 및 개발이익을 포함한 지분 자체를 매각 유통하는 제도권 시장은 형성되어 있지 않다.

시행자가 개별적인 인연으로 사인 간 거래로 수익권 자체를 매각하는 경우에 수익권에 투자하는 투자자는 지분비율만큼 개발이익을 공유하는 재무적 투자자가 될 수도 있고, 사실상 개발사업의 진행권한을 넘겨받아 실질적으로 사업을 수행하는 사업양도에 해당하는 수준의 거래도 할 수가 있다. 이는 현재 시장 상황으로는 투하된 자본의 사전회수가 개별 인맥에 의한 사적 거래시장의 영역에 머물러 있음을 의미한다.

4. 부동산 신탁 수익권 유동화 가능성

부동산 신탁 수익권은 수익권의 실질 가치를 객관적으로 평가하는 시스템이 지원된다면 부동산 토큰화 시장의 주요 거래대상이 될 수 있으며 부동산 소유권이 신탁재산으로 고정되어 있고 부동산 신탁업자가 자산관리회사로서 신탁계약의 목적에 따라 관리하고 있으므로 신탁 기간 중 수익권을 소액으로 분할하여 거래의 대상으로 할 수 있다. 신탁 기간이 종료되면 상장주식이 기준일을 정하여 주주로서 권한을 행사하는 것처럼 부동산 신탁의 경우도 종료 시점의 수익권 보유자가 수익권자로서 권리를 행사하게 제도화하면 될 것이다.

부동산 신탁계약은 부동산등기법 제81조 제3항에 의해 등기의 일부가 되므로, 신탁계약에 토큰을 이용한 수익권자 변경 사항을 규정하면 이는 법적 구속력을 갖게 된다. 따라서 블록체인에 기반한 토큰이 안정적으로 거래될 수 있다면, 토큰을 이용한 수익권 거래가 충분히 가능하다.

5. 신탁사 보유 '비용상환청구권' 유동화

부동산 신탁사가 사업형 신탁을 수행하는 경우, 특히 신탁사가 자기책임으로 조달한 자본을 투자하는 사업의 경우는 신탁사도 시행자로서 투하된 자본의 회수 필요성이 있다. 이러한 형태의 사업을 '차입형 신탁'이라 하는데 부동산 신탁사가 사업주의 법적 지위는 가지지만 사업자금의 조달책임을 부담하지 않는 형태의 비차입형 토지(개발)신탁과 대비되는 개념이다. 비차입형 토지(개발)신탁사업에서 신탁사는 단순 사업주 역할을 수행하거나(관리형 토지신탁), 일정 기간 내에 건축물의 준공을 책임지는(책임준공형 토지신탁) 등으로 신탁사의 책임을 한정한 사업주 역할을 하기도 한다.

부동산 신탁사가 개발사업에 투하한 자본을 회수하는 방법으로는 토지(개발)신탁 사업의 비용상환청구권을 유동화(현금화)하는 시장이 있다.

증권회사는 부동산 신탁사가 개발신탁 사업을 위해 위탁자(시행사)에게 대여한 금전 채권의 상환청구권, 즉 '비용상환청구권'으로부터 생기는 장래 현금흐름을 기초자산으로 하는 자산유동화채권(ABS, Asset Backed Security)을 발행하여 채권 시장의 투자자들에게 판매하고 있다. 그러나 채권투자자의 범위가 한정될 수 있으므로 이 경우에도 상품의 유통성과 투자자 저변을 확대하는 차원에서 부동산 토큰화 개념을 도입할 수 있을 것이다.

기본적으로 개발신탁사업은 제1금융권에서 조달이 어려운 사업을 대상으로 하므로 개발사업 자체가 증권사를 중심으로 하는 PF 금융 투자시장의 직접투자대상은 아니며, 신탁구조에 의하여 미분양 담보대출 확약 등으로 신용을 보강하고, 채권 매각자인 부동산신탁사가 신용공여를 하는 경우에 한하여 자산담보부채권이 발행된 후 유통되는 시장의 특성이 있다.

6. 부동산 투자수단으로서 리츠 및 부동산펀드

리츠(Real Estate Investment Trust)는 부동산 투자를 목적으로 하는 상법상 주식회사다. 리츠는 실체를 가진 회사가 자산관리를 겸하는 자기관리리츠와 SPC(Paper Company)를 설립하고 그 자산관리는 별도의 자산관리회사(AMC, Asset Management Company)가 하는 위탁관리리츠로 크게 구분된다. 투자자가 주주로 자본을 투자하므로 투자자산과 회사의 일반재산이 명확히 구분되는 장점이 있는 위탁관리리츠가 자기관리리츠보다 일반적이며 최근 리츠 시장은 기업들이 보유하고 있는 부동산 자산을 부분적으로 현금화하는 수단으로 활용되어 확대되고 있는 추세이다.

리츠는 예외적으로 투자자 자체가 다수의 자금을 모은 기관인 연기금 등인 경우를 제외하고는 리츠 주식의 주식시장 상장이 의무화되어 있어 주식시장에서 거래되는 방식으로 유동성이 부여되어 있다.

부동산펀드는 주식회사를 제외한(리츠 제도가 상법상 주식회사를 근간으로 하므로 제도의 충돌을 피하기 위해서) 상법상 유한회사, 조합 등 회사형 펀드와 자본시장법상 제도화된 신탁계약을 중심으로 한 계약형 펀드로 크게 나누어 볼 수 있고, 투자자의 수를 기준으로 50인 이상의 공모부동산펀드와 49인 이하의 사모부동산펀드로 구분된다.

공모부동산펀드는 상장이 의무화되어 있어 거래의 편의성은 부여되어 있으나, 까다로운 상장절차 및 상장 후 공시의무 등 관리의 어려움 때문에 시장에서 부동산 투자의 수단으로 선호되지는 않는다.

부동산 투자를 위해 펀드를 활용할 필요가 있을 경우 일반적으로 사모부동산펀드로 자금을 모으는 것을 선호한다. 투자자 수의 제한에도 불구하고 공모펀드의 설정 및 감독기관의 엄격한 관리 등 운용과정에서의 번거로움을 피하고자 하는 것이 일반적이다.

사모부동산펀드는 49인 이하의 투자자들로부터 모은 자금으로 부동산 펀드를 결성하여 부동산에 투자한다. 부동산펀드 수익증권을 증권사가 투자자에게 판매하는 방식으로 돈을 모아 수탁은행에 개설된 계좌에 신탁재산으로 보관한다. 자산운용사는 수탁은행에 모인 자금을 수탁은행에 대한 운용지시로 투자의사 결정을 하는 등 모든 법률행위를 펀드 자금을 관리하는 수탁은행 명의로 처리한다.

수익증권 투자자가 가지는 부동산펀드 수익권은 증권사를 통해 다른 투자자들에게 권리 양도가 이루어지는 방식으로 유통된다. 부동산펀드는 만기일 전에 현금화를 할 수 없는 폐쇄형 펀드이므로 펀드 만기 전에 현금화를 하고자 하면 개별적으로 수익권을 매수할 거래당사자를 섭외하여야 한다. 수익증권의 양도는 판매회사인 증권사를 통해 이루어진다.

7. 부동산펀드의 개념 및 분류

'펀드(Fund)'는 투자목적으로 '모인 자금(Collective Money)'이며, 자본시장법은 '집합투자(Collective Investment)'라는 용어를 사용한다. 펀드 제도는 '모인 자금'을 '전문적인 운용자(Fund Manager)'가 투자자로부터 독립되어 운용하는 것이 핵심으로 자본시장법 제6조 제5항은 '투자자의 일상적 운용지시를 따르지 않고'로 표현하고 있다. 자본시장법의 정의를 기준으로 하면 리츠는 주식회사로서 주요한 의사결정을 주주인 투자자가 하므로 자본시장법상 펀드와는 성격이 다르지만, 투자를 목적으로 모인 자금이라는 측면에서는 펀드의 성격이 있다.

자본시장법상 펀드는 투자대상별, 형태별 다양한 분류기준으로 분류할 수 있다. 여기에서는 기본적이고 본서의 이해에 필요한 범위에서만 간략한 분류를 본다.

펀드는 자본시장법상 펀드의 주요 투자대상에 따라 증권형(주식, 채권, 파생상품 등), 부동산형, 특별자산형, 혼합형, 단기금융(MMF) 펀드의 5가지로 크게 구분된다. 여기서 주요 투자대상이란 펀드 자금의 50% 이상을 두자하는 투사대상이라는 의미이다. 특별자산형은 증권, 부동산을 제외한 나머지 모든 투자대상을 모두 포함하는 개념으로 인프라시설, 원자재, 곡물 등 우리가 아는 거의 모든 투자 대상들이 여기에 포함된다.

자본시장법은 법 제230조~234조에서 위의 투자대상별 분류 외에 특수한 형태의 펀드를 별도로 정의하고 있다. 여기의 분류는 주로 펀드 자금을 모으는 방법과 관련한 분류인데, 상장주식처럼 언제든지 현금화가 가능한 자산에 투자하는 증권형 펀드의 경우와는 달리 부동산 펀드는 환매금지형 펀드로 분류되고, 자산을 소유한 펀드의 수익증권에 투자하는 펀드를 만들어 마치 지주회사와 지주회사가 투자한 회사와 같은 관계의 구조를 가지는 모자형 펀드 등 형태의 분류도 있다.

'금융투자회사의 영업 및 업무에 관한 규정'(금융투자협회)은 펀드 공시체계(Code 분류)를 위해 펀드를 14가지로 구분하고 있는데, 대표적으로는 펀드 자금의 추가설정이 가능한 '추가형 펀드'와 펀드 자금의 추가가 불가능한 '단위형 펀드' 구분이 있고 위에서 언급한 펀드 설정 기간 중 펀드 수익권자의 중도 환매가 가능한 '개방형 펀드'와 중도 환매가 불가능한 '폐쇄형 펀드'의 구분이 있다. 부동산펀드는 일반적으로 중도 환매가 불가능한 폐쇄형 펀드이다. 펀드가 투자한 부동산은 현금화하는데 상당한 기간이 소요되므로 투자 기간 중 투자자의 환매 요구에 즉각적으로 대응할 수 없기 때문이다.

이론적으로는 단일한 펀드지만 펀드 자금의 규모가 크고 투자 부동산이 많아 일부 펀드 투자자의 환매 요구에 펀드 보유자산의 부분적인 매각과 보유 현금으로 대응할 수 있는 경우 개방형 펀드를 설정할 수도 있겠다. 이 경우에도 부동산 자산을 펀드매니저가 매각에 유리한 시기를 선정해 매각할 수 없는 문제점은 있다. 폐쇄형 펀드인 부동산펀드의 수익권을 펀드 설정 기간 중 현금화하는 방법은 기존 펀드는 부동산를 계속 보유하고 펀드 수익자가 보유하는 수익권에 투자하는 재간접 펀드(Fund of Fund)를 설정하여 매각하는 방법으로 하고 있다.

이외에도 부동산펀드는 펀드 자금의 모집 방법에 따라 소수 거액 자산가로 투자자를 구성하는 '사모형'과 불특정 다수의 투자자를 전제로 하는 '공모형'으로 구분되고, 투자대상자산을 펀드 설정 시에 확정하는가 여부에 따라 'Project형'과 'Blind형'으로 구분하며, 펀드 설립 형태에 따라 펀드 재산을 신탁계약관계 중심으로 관리하는 '신탁형 펀드'와 상법상 유한회사 등 펀드 자체가 법인격을 가지고 법률행위를 하는 '회사형'으로 구분되기도 한다.

펀드 투자자의 지위는 신탁형은 신탁계약의 단순 '수익자'가 되고, 회사형은 '주주 또는 지분권자'가 되며, 투자기구(Vehicle)는 '투자신탁, 투자회사'로 '투자'라는 명칭을 첨언하여 표현한다.

펀드 형태는 투자신탁, 투자(주식)회사 외에도 회사형은 투자유한회사, 투자합자회사, 조합형은 투자조합, 투자익명조합이 있다.

8. 펀드의 운용구조

'회사형'은 '투자회사' 자체가 '법인격(Legal Entity)'을 가지므로 자산운용사(펀드매니저가 속한)가 '법인이사(GP, General Partner)'로서 참여하여 실질적인 자산운용 의사결정을 하고 '투자회사 명의'로 법률행위를 하므로 이사회 등 상법상 조직의 의사결정 절차를 따른다.

리츠(REITs)에서 리츠 AMC가 하는 역할은 회사형 펀드에서 자산운용사의 법인이사가 하는 역할이다. 리츠는 주식회사이므로 투자자가 주주가 되고 주요 의사결정은 투자자들로 구성된 주주총회에서 결정된다. 따라서 투자자가 주요 의사결정을 하는 점에서 부동산 펀드와 핵심적으로 구분된다. 따라서 투자자가 전문적인 투자 판단능력이 있는 경우에는 부동산 펀드보다는 리츠를 선호하는 경향이 있다.

'신탁형'은 신탁계약에 따라 모인 자금이 신탁업자(수탁은행) 명의로 보관·관리되고, 모든 법률행위를 신탁업자(수탁은행) 명의로 하며 자산운용사는 신탁업자(수탁은행)에게 투자·운용의 판단작용만을 운용지시서를 통해 전달한다.

최초 펀드 설정 시 회사형은 주금납입으로 자금을 모으고, 신탁형은 신탁계약에 의해 수탁은행이 신탁계좌(집합투자재산임을 표시한 계좌)에 자금을 모으는 방식이다.

9. 신탁형 펀드의 운용구조

부동산펀드는 일반적으로 신탁형 펀드로 설정되어왔다. 펀드 제도가 주식에 대한 투자로부터 부동산에 대한 투자로 확대되면서 신탁형 펀드가 일반적인 형태로 자리 잡았다가 부동산 개발 등 펀드의 이름으로 각종 공법상 인허가 절차를 수행해야 하는 등의 상황에서 시중은행인 수탁은행 명의로 법률행위를 하는 것이 불편해지는 등 문제점이 생기면서 점차 회사형 펀드도 생겨나고 있는 추세이다. 이는 신탁형 펀드가 근본적으로 펀드 설정 후 새로운 계약관계가 생겨나지 않는 주식, 채권 투자 중심의 펀드에 적합한 구조라는 점에 원인이 있다. 신탁형 펀드의 설정 및 계약구조는 부동산 펀드 투자와 관련하여 투자자들도 알아둘 필요가 있다.

신탁형 펀드 설정 시 자산운용사는 ① 사전 투자자의 투자의사 확인 후 ② '증권사와 펀드 수익증권 판매계약'을 체결하고 ③ 수탁은행과 신탁계약을 체결한다. 자산운용사가 자신이 운용할 펀드를 직접 판매할 경우는 증권사와의 판매계약 체결과정이 없다.

이후 위에서 사전 체결한 두 계약서(②, ③)와 함께 소정양식의 등록신청서를 금융위원회 앞으로 제출(실무는 금감원에 위임)함으로써 펀드의 사전 등록을 한다.

신탁형 부동산 펀드의 경우 모은 자금 자체가 법인격이 없으므로 부가세 환급 및 신고 등을 위해 펀드명으로 사업자 등록을 하고, 대표자는 펀드매니저가 된다.

펀드 등록 후, 투자자는 자산운용사와 판매계약이 체결된 증권사에 투자자 자신의 명의로 계좌를 개설하며, 증권사 계좌에 입금된 자금은 수탁은행의 신탁계좌로 이체되고, 증권예탁원으로 해당 사실이 전송되면 동일한 금액만큼 수익증권 좌수(1원에 1좌)가 전산 발행된다. 단, 수익증권 실물발행은 수익자의 요청이 있을 경우만 한다(자본시장법 제189조 등).

수익증권은 신탁업자의 확인을 받아 집합투자업자(자산운용사)를 발행하되 수익자명부 작성은 예탁결제원에 위탁하도록 의무화되어 있는데, 실무상 위 본문과 같이 전산으로 처리된다(자본시장법 제189조).

펀드 등록 후, 일정한 날까지 수탁은행의 신탁계좌에 예정된 투자금이 모이면(단위형), 자산운용사의 운용지시를 통해 수탁은행은 부동산 매매계약 체결 및 대금지급 등 수탁은행 명의(펀드명이 표시된다)로 자산 취득에 필요한 법률행위 및 사실행위(자금이체 처리) 등을 한다(자본시장법 제80조 등).

이상과 같이, 자산운용사는 일체 금전 및 투자대상 자산 소유권을 직접 소유하지 않고 자산보관자인 수탁은행이 펀드 설정부터 해지까지 관리하는 구조이므로, 자산운용사는 의사결정 과정(운용지시 생성과정)

이 핵심 내부통제 대상이다.

10. 부동산펀드 수익증권 거래 현황

부동산펀드는 사모부동산펀드를 중심으로 펀드 시장이 활성화되어 있다. 사모펀드의 특성상 49인 이하의 소수 거액 투자자 유치를 중심으로 하고 그 주된 역할은 증권사 리테일 판매망에 의존하여 이루어진다. 펀드 설정 시 연기금, 보험 등 기관투자자 네트워크를 통해 소화되지 않는 물량 위주로 리테일 판매망에 의해 수익증권이 판매되는 것이 일반적이다.

사모부동산펀드는 펀드 설정 기간 중 환매가 금지되는 폐쇄형 펀드, 펀드 설정 후 추가 자금의 증액이 불가능한 단위형 펀드가 일반적이다. 부동산펀드 투자의 특성상 펀드 설정 시 전체 투자계획 및 예산이 확정되고 투자자에게 요구수익률을 제시하여야 하므로 투자계획의 임의적 변경을 피하고자 하는 의도가 강하다.

사모부동산펀드는 수익사 전원 동의를 진제로 펀드 설정 기간 중 중도 환매가 되므로 투자자는 투자 기간 중 유동성이 묶이게 된다. 이러한 특성으로 인해 사모부동산펀드는 단기 소액 투자자가 접근하기 어려운 시장이므로 블록체인에 기반한 토큰을 통해 소액투자가 활성화되면 부동산 자체의 유동성이 매우 증대될 것이다.

11. 부동산 수익권 거래 토큰화 필요성

부동산 신탁 및 신탁형 부동산펀드의 수익권 거래의 편의성을 재고하여 투자자의 저변을 확대하고 투자금의 회수를 용이하게 할 필요성이 대두되고 있다.

위에서 언급한 부동산 신탁, 리츠 및 부동산펀드 제도는 기관투자자 및 거액 자산가의 대체투자 영역으로서 부동산에 대한 투자 수요를 충족하게 하는 역할은 하였으나 다수의 소액 일반투자자들이 접근하기에는 제약이 많아 우량 부동산 자산에 대한 투자기회를 기관 및 거액자산가가 독과점하는 결과를 낳았고, 이러한 우량 자산에 대한 투자기회가 주어지지 않는 일반 투자자들의 부동산 투자에 대한 욕구가 표준화된 부동산 투자상품인 아파트를 중심으로 한 주택투자로 쏠리게 되는 하나의 원인을 제공했다고 볼 수 있다.

현재 신탁된 부동산 수익권의 거래시장은 부동산 전체를 거래 단위로 함으로써 소액 투자자의 접근이 불가능하고 그나마도 부동산 신탁사들의 부동산 정보에 대한 접근성은 정보의 비대칭 상태에서 해당 업계 종사자들 중심으로 정보가 유통되는 한계가 있어 일반 소액 투자자의 투자가 어려운 상황이다.

부동산펀드의 경우도 대다수 사모부동산펀드는 기관 투자자 중심으로 자금 모집이 이루어지고 일부 펀드의 경우 증권사 및 은행의 소매

부서(PB센터)가 관리하는 거액 자산가 중심으로 투자가 이루어지므로 소액 일반 투자자는 접근할 수 없는 시장이다.

정상적인 사모부동산펀드의 경우에도 부동산 투자의 특성상 폐쇄형 펀드(투자 기간 중 펀드 환매 제약)이므로 환금성의 제약 때문에 여타의 투자상품 대비 더 높은 투자수익률이 요구되는 상황이며, 사모부동산 펀드의 수익자는 중도에 펀드 투자자금을 회수하기 위해서는 펀드 수익권을 재간접 펀드에 매각하는 수밖에 없으나, 재간접 펀드 역시 자산운용사의 펀드 운용 전략 일환으로 기획되고 기관투자자 중심의 네트워크에서 사모로 펀드가 결성되므로 부동산펀드 수익권 투자자금의 회수방안으로 효율성 높은 수단은 되지 못하고 있다.

이러한 중대형 부동산 투자에 대한 소액 투자 접근성의 한계를 극복하기 위한 시도이다. 현재 부동산 수익권을 소액 거래 단위로 투자할 수 있는 카사(Kasa)라는 블록체인 기술을 접목한 댑스(DABS) 매매거래 시장 플랫폼을 중심으로 이루어지고 있다.

카사는 서울 수도권을 중심으로 상업용 빌딩을 매입하여 부동산 신탁사에 신탁하고 그 수익권을 소액으로 쪼개어 개인들이 중대형 부동산의 지분에 투자할 수 있도록 하고 있는데, 카사의 투자 및 유통방식은 기존 부동산펀드의 투자구조에 부동산 수익권을 토큰화한 것으로 부동산 시장에서 기관투자자의 간접 투자시장과 개인 투자자의 직접 투자시장 사이에 있는 100억 이상 1000억 미만의 중형 부동산 투자시장에서 새로운 매수자층을 만들어 내는 효과가 있을 것으로 보인다.

카사와 같은 소액 투자자 거래 플랫폼이 지금의 가상화폐처럼 앱을 통한 거래 및 투자로 활성화된다면 개발사업의 수익권, 신탁부동산으로 담보 제공된 부동산 관련 채권, 사모부동산펀드의 수익권 등 다양한 부동산 수익권이 다수의 개인 투자자가 참여하는 투자시장의 거래 대상으로 될 수 있을 것으로 보인다.

특히 부동산 개발사업자의 투하된 자본의 조기회수 및 소액투자자의 부동산 개발시장에의 지분참여 가능성 확대라는 점에서 블록체인 기술을 활용한 부동산 권리의 토큰화를 통한 유동성 확대는 시장 변화의 중요한 계기가 될 수 있다. 소액투자자도 유동성 높은 토큰 투자를 통해 기대수익률이 높은 부동산 개발사업에 지분투자자로 참여하여 모험적 투자 욕구를 충족할 수 있다.

부동산 개발사업의 예상 수익은 시장 변화 및 정책 변화 등 많은 변수에 영향을 받고 사업의 실패 가능성도 높은 사업이므로 그에 상응하는 높은 자기자본 수익률을 추구한다. 그럼에도 불구하고, 명확한 가치 측정 기준이 없고 가격변동의 합리적 근거가 없는 다수의 가상화폐 자산에 비해서는 합리적인 가치 추론이 가능한 사업이다. 소액 투자자의 참여가 가능하고 언제든지 현금화할 수 있는 거래시장이 형성된다면 지금 가상화폐에 대한 모험적 투자 수요를 생산적인 투자 영역인 부동산 개발시장에 참여하게 할 수 있어 투자자 및 산업에도 긍정적인 영향을 미칠 수 있을 것으로 예상된다.

부동산 개발 사업자도 개발금융 조달을 위해 요구되는 자기자본 충당을 현재의 비제도권 사금융시장의 불투명한 거래환경에서 조달하는 것보다 공개된 시장에서 소액 공동 투자자를 모집하는 방식으로 부동산 개발금융을 효율적으로 조달할 수 있으므로 대규모 자본을 동원하는 개발사업의 자본 조달이 용이해질 것으로 예상된다.

현재 대규모 개발사업의 자본 조달은 대형 시행사, 건설사, 외국계 지분투자자 등 기관 또는 기관화된 개인들이 독점하고 있으며 이는 부동산 개발로 인해 창출되는 개발이익의 소수 자본 독점을 의미한다. 부동산 토큰화는 이러한 개발 이익을 다수의 소액 개미투자자들이 공유할 수 있는 기회의 시장이 될 수 있을 것이며 이에 관한 정보의 분석과 제공을 하는 관련 산업도 활성화할 수 있는 계기가 될 전망이다.

BITCOIN DIGITAL DECENTRALIZED

제4장

부동산 토큰 (디지털 부동산 유동화 증권: DABS) 거래의 법적 검토와 현행 법령의 규제 방향

백창원

1. 부동산 토큰이 관련 시장에 가져올 미래

비트코인으로 대표되는 암호화폐의 열풍은 아주 뜨겁다. 암호화폐에 화폐의 지위를 부여할 수 있느냐의 논란을 떠나서 블록체인이라는 신기술에 대한 대중들의 뜨거운 관심과 기대감만큼은 분명한 것 같다. 하지만 비트코인이나 이더리움과 같은 암호화폐는 기초자산을 기반으로 하고 있지 않아 그 가치성이 존재하는지에 대한 의문은 여전히 존재하고 있다.

금융시장에서도 아무런 기초자산에 기반하지 않는 암호화폐의 투기성을 제어하고 이를 대체할 수 있는 실물자산을 기초로 한 증권형 토큰을 활발히 논의하고 있는 중이다. 특히 최근에는 블록체인 기술을 활용하여 실물자산인 부동산을 토큰에 연동시킨 증권형 토큰을 발행하여 플랫폼에 상장시키는 서비스가 출시되고 있다. 대표적으로 2019년 말 핀테크업체인 카사코리아가 블록체인 기술을 활용하여 부동산 유동화를 가능하게 하는 사업을 시작하였고, 금융위원회에서도 '부동산 전문거래소 및 부동산 DABS 유통 플랫폼 사업'을 혁신금융서비스(금융규제 샌드박스)로 지정함에 따라 관련 법적 규제가 한시적으로 적용되지 않게 하는 등 블록체인 기술을 활용한 새로운 형태의 부동산 유동화 사업이 혁신 금융서비스로 인정되고 있다.

부동산에 연동되는 증권형 토큰을 거래소에 상장시켜 투자자들이 스마트폰 앱에서 주식처럼 거래하게 되고 그것이 활성화된다면, 과거 전통적인 부동산 간접투자수단인 부동산펀드와 리츠를 대체할 수 있는 새로운 부동산투자 수단이 될 수 있을 것이다. 게다가 증권형 토큰을 통해서 기존에는 가능하지 않았던 부동산 유동화를 실현할 수 있다는 점에서 부동산 시장의 혁신적인 발전을 가져다줄 수 있다.

법률전문가로서 앞으로 혁신적인 부동산투자수단으로 각광받게 될 디지털 부동산 토큰의 법적인 실체가 무엇인지, 현행법상 그것이 가능한지 그리고 앞으로 정부의 규제방향은 어떻게 될 것인지에 대하여 검토하도록 하겠다.

2. 부동산 토큰 거래의 법적 특징 및 현행법상 허용 여부

부동산 토큰은 법률적으로 자산유동화증권(ABS) 중 하나에 해당될 수 있다. 자산유동화증권이란 부동산, 매출채권, 유가증권, 주택저당채권 및 기타 재산권 등과 같은 기업이나 금융기관이 보유한 유, 무형의 유동화 자산을 기초로 발행된 증권을 의미한다.

부동산 토큰도 부동산 자산에 기반하여 발행한 디지털 유동화 증권이라고 할 수 있고, 일반적으로 부동산 디지털유동화증권(DABS: Digital Asset Backed Securities)이라고 부르고 있다. 디지털 플랫폼 형태의 거래소에 부동산을 유동화한 수익증권을 상장하고 주식처럼 거래하는 것, 일종의 부동산 증권형 토큰이라고 할 수 있다. 블록체인 시스템 내의 데이터로만 보관·관리하는 증권으로서, 실물의 발행이 없으므로 실물 발행에 소요되는 비용을 줄일 수 있고, 증권 발행 기간 및 상장 소요기간 단축을 통해 투자자금을 조기에 회수할 수 있어 투자의 효율성도 높아지며, 증권의 도난 및 분실 위험과 위·변조를 막을 수 있다. 또한, 가격의 움직임을 거래소를 통해 실시간으로 파악할 수 있어 거래의 투명성이 높은 것이 특징이다.[1]

부동산 디지털 유동화 증권(DABS)은 신탁사가 위탁자로부터 수탁받은 부동산을 기반으로 수익권을 증권화한 수익증권적 성격을 가지면서, 이때 블록체인 기술을 활용한 디지털 증권 형태로 발행되는 수익증권으로서 거래소에 상장된다. 먼저 위탁자(부동산소유주)는 신탁사에 자신의 소유 부동산을 신탁계약에 의하여 소유권을 이전하고, 감정평가법인에 의하여 부동산 가격을 감정받게 한다. 그리고 신탁사는 감정가격을 기초로 하여 수익증권을 발행하고 거래소에 블록체인 기술에 기반한 디지털 증권으로 상장시키며, 신탁사는 신탁계약의 내용에 따라 부동산을 관리 및 운영한다. 일반투자자들은 거래소를 통해 디지털화된 수익증권을 주식처럼 실시간 거래를 하게 되는데 부동산을 제공한 소유주 또는 시행사는 신탁계약 종료 시점에 DABS를 보유한 자를 수익자로 변경하게 되고, 신탁사는 이들에게 부동산 수익을 최종적으로 배분하게 된다. 그리고 모든 거래의 안정성을 확보하기 위해 블록체인 기반 스마트 컨트랙트 거래 방식으로 거래소와 은행에 공동으로 기록되게 된다.

---

1 한국금융연구원 신용상, 2020. 1. 일반투자자의 시장 접근성 제고를 위한 공모·상장형 부동산 유동화 시장 활성화 방안 연구, 91면

이러한 DABS 플랫폼 사업의 선두주자인 카사코리아가 금융위원회에 부동산 유동화 수익증권을 블록체인 기반 디지털 방식으로 일반투자자에게 발행·유통하는 서비스를 규제 특례로 신청하였는데 그 서비스의 주요 내용을 보면 ① 부동산소유자가 신탁회사와 신탁계약을 체결하고, ② 신탁회사는 신탁수익증권을 공모하여 발행하며, ③ 발행된 수익증권은 신탁회사가 보관하고 수익증권에 대한 반환청구권을 표시하는 전자증서를 투자자에게 교부하며, ④ 투자자는 사업자가 개설한 플랫폼을 통해 다자간 매매체결 방식으로 전자증서로 거래한다는 것이다.[2] 결국 DABS의 발행은 부동산 신탁 제도를 활용하고 있고, 이를 통해 부여되는 권리인 수익권은 블록체인 기반의 전자증권의 형태로 발행된다고 정리할 수 있다.

국내 부동산 유동화 증권시장(부동산 간접투자시장)은 부동산투자회사(Real Estate Investment Trust, REITs, 이하 '리츠'라 함)와 부동산펀드로 대표된다고 볼 수 있다.

부동산펀드는 집합투자업자가 다수의 투자자(사모의 경우 50인 미만)로부터 투자를 받아 부동산에 투자한 후 이로부터 발생하는 수익을 투자자에게 배분하는 부동산 집합투자기구인 데 반해 리츠는 불특정 다수로부터 자금을 모집하여 부동산을 매입·운영하거나 부동산 관련 대출 및 유가증권에 투자하여 발생수익(운용성과)을 투자자에게 배분하는 주식회사형 부동산 간접투자기구를 의미한다. 전자의 경우에는 자본시

2 2019. 5. 2.자 금융위원회 보도자료,'19. 5. 2일 금융위원회, 혁신금융서비스 9건 지정

장법에 근거하여 금융위원회의 감독을 받고 후자의 경우에는 2001년에 제정된 부동산투자회사법에 근거하며 국토교통부의 감독을 받는다는 점에서 구별된다.

특히 리츠는 특정 부동산이 아닌 부동산을 소유하는 투자회사의 지분에 투자하는 방식인데, DABS는 특정 부동산에 기초해서 증권을 발행한다는 점에서 큰 차이가 있다. 즉 리츠는 다수의 투자자들로부터 출자를 받아 주식회사 형태로 부동산 관련 투자를 실시하고 그 수익을 주주에게 배당하지만, DABS 거래에 의한 투자는 디지털 부동산 유동화 증권을 통해 특정 부동산 실물에 투자하여 수익을 얻는 특징을 가지고 있다. 이른바 부동산 토큰의 소유는 곧 토큰에 연동된 부동산자산에 대한 실질적인 지분화된 권리를 의미하며 이에 따라 부동산자산에서 창출하는 수익에 대한 배당 청구 등을 포함한다고 할 수 있다.

부동산 디지털 유동화 증권(DABS)은 자산 유동화를 전제로 하고 있으므로 자산 유동화에 관한 정의와 유형을 살펴볼 필요가 있다. 자산유동화에 관한 법률(이하 '자산유동화법'이라 함) 제2조에서는 자산 유동화의 정의와 유형을 열거하고 있다.

첫째, 유동화전문회사(자산 유동화 업무를 전업으로 하고 있는 외국 법인을 포함)가 자산보유자로부터 유동화 자산을 양도받아 이를 기초로 유동화 증권을 발행하고, 당해 유동화 자산의 관리·운용·처분에 의한 수익이나 차입금 등으로 유동화 증권의 원리금 또는 배당금을 지급하는 일련의 행위(제2조 제1항 가호)

둘째, 자본시장법에 따른 신탁업자가 자산보유자로부터 유동화 자산을 신탁 받아 이를 기초로 유동화 증권을 발행하고, 당해 유동화 자산의 관리·운용·처분에 의한 수익이나 차입금 등으로 유동화 증권의 수익금을 지급하는 일련의 행위(같은 항 나호)

셋째, 신탁업자가 유동화 증권을 발행하여 신탁 받은 금전으로 자산보유자로부터 유동화 자산을 양도받아 당해 유동화 자산의 관리·운용·처분에 의한 수익이나 차입금 등으로 유동화 증권의 수익금을 지급하는 일련의 행위(같은 항 다호)

넷째, 유동화 전문회사 또는 신탁업자가 다른 유동화 전문회사 또는 신탁업자로부터 유동화 자산 또는 이를 기초로 발행된 유동화 증권을 양도 또는 신탁 받아 이를 기초로 하여 유동화 증권을 발행하고 당초에 양도 또는 신탁 받은 유동화 자산 또는 유동화 증권의 관리·운용·처분에 의한 수익이나 차입금 등으로 자기가 발행한 유동화 증권의 원리금·배당금 또는 수익금을 지급하는 일련의 행위이다(같은 항 라호).

즉, 자산유동화거래에서는 자산보유자로부터 유동화 자산을 이전받아 이를 토대로 유동화 증권을 발행하는 특수목적기구로서 유동화 전문회사나 신탁 또는 양자 모두를 이용할 수 있다.[3]

---

3 류현선, 최승재, 개정 신탁법상 자기신탁 및 수익증권발행 제도를 활용한 유동화 금융투자상품 설계에 대한 연구, 증권법연구 제14권 제2호(2013), 463~464면

신탁을 이용한 자산 유동화 거래는 타익신탁 방식과 자익신탁 방식을 들 수 있으며, 실제 거래에서는 거의 모든 경우 투자자에게 신탁의 수익권(수익권증서)을 직접 발행 또는 양도하지 아니하고 신탁의 수탁자가 유동화회사에게 수익권증서를 발행 또는 양도하여 주고, 유동화회사가 이를 기초자산으로 유동화 증권(사채, CP 등)을 투자자에게 발행하는 2단계를 거치게 된다.[4]

디지털 부동산 수익증권(부동산 토큰)은 본질적으로 신탁을 이용한 자산 유동화 방식이며 유동화 회사가 아닌 투자자에게 수익증권이 발행될 수 있을 것인지 검토할 필요가 있다. 구 신탁법에서는 신탁이 수익증권을 발행하려면 자본시장법상 금전신탁계약에 의한 수익권이 표시된 수익증권을 신탁업자가 발행하거나(자본시장법 제110조 제1항), 자산유동화계획에 따라 금전신탁 여부를 불문하고 수익증권을 발행할 수 있었다(자산유동화법 제32조). 따라서 구 신탁법상 부동산신탁의 경우에는 자산유동화법에 의거하지 않는 한 수익증권 발행이 불가능했었다. 최근까지도 국내의 자산유동화거래에서 신탁의 수익권증서나 수익증권이 투자자에게 직접 발행된 사례는 극소수의 사모 발행 사례를 제외하고는 없었다고 한다.[5] 결국, 구 신탁법 하에서 부동산신탁의 경우 자산유동화법에 근거하지 않는 한 수익증권을 발행하기가 불가능했다.

4 한민, "신탁제도 개혁과 자산유동화", "Business, Financial Law", 제50호(서울대학교 금융법센터, 2011), 53~55면

5 류현선, 최승재, 개정 신탁법상 자기신탁 및 수익증권발행 제도를 활용한 유동화 금융투자상품 설계에 대한 연구, "증권법연구 제14권 제2호(2013)", 466면

하지만 개정된 신탁법에서는 금전신탁의 경우가 아니라도 모든 신탁재산에 대하여 수익증권을 발행·유통시킬 수 있도록 함으로써 수익증권 발행의 허용범위를 확대하였다. 신탁법 제78조에서는 신탁행위로 달리 정한 바가 없으면 수익권을 표시하는 기명식 또는 무기명식 수익증권을 발행할 수 있도록 하는 '수익증권발행신탁제도'가 새로이 도입된 것이다. 이처럼 개정 신탁법 제78조는 신탁의 종류와 관계없이 '신탁행위로 수익증권을 발행하기로 처음부터 정하여 놓은 경우' 모든 신탁이 수익증권을 발행할 수 있도록 하였고, 나아가 신탁행위로 정한 바에 따라 수익증권을 발행하는 대신 전자등록기관(유가증권 등의 전자등록 업무를 취급하는 것으로 지정된 기관)의 전자등록부에 수익증권을 등록할 수 있게 되었다(신탁법 제78조 제6항).

아울러 신탁법 개정내용을 기초로 정부는 "자본시장과 금융투자업에 관한 법률 일부 개정법률안(의안 번호 1057)"(이하 '자본시장법 개정안'이라고 함)을 발의하고 금전신탁계약에 한하여 수익증권을 발행할 수 있다는 현행 자본시장법 제110조를 개정하여 신탁의 종류와 관계없이 수익증권 발행을 허용하는 방안으로 개정안이 제출되었다. 이와 같이 개정 신탁법과 함께 개정될 자본시장법 개정안에 따르면, 수익증권 발행의 허용범위를 확대하여 금전신탁의 경우가 아니라도 모든 신탁재산에 대하여 수익증권을 발행·유통시킬 수 있는 길이 열리게 된 것이다.

더욱이 개정된 신탁법 제78조 제1항 후문에서는 "이 경우 각 수익권의 내용이 동일하지 않을 때에는 특정 내용의 수익권에 대하여 수익증권을 발행하지 않는다는 뜻을 정할 수 있다."고 규정하여 신탁에서 각 수익권의 내용이 다르거나 차이를 두어야 하는 경우에 일부 수익증권을 발행하지 않을 수 있도록 하고 있다. 다시 말하면, 수종의 수익권이 존재하는 신탁의 경우에는 모든 종류의 수익권을 수익 증권화할 것인지 아니면 일부 종류의 수익권에 대해서만 수익 증권을 발행할 것인지도 신탁행위로 선택할 수 있도록 하고 있는 것이다.

결국, 개정 신탁법 제78조는 은행의 불특정금전신탁, 투자신탁, 유동화 증권 등과 같이 특별법에 정함이 있는 경우에 국한하여 수익증권을 발행함으로써 빚어지는 양도성 감소와 거래비용 증대로 인한 불합리함을 해소하기 위하여 입법정책자들이 수익증권의 발행을 일반적으로 허용할 필요가 있다고 판단하여 입법화된 조항이라고 볼 수 있다.[6]

이러한 수익증권은 주권이나 사채권, 자본시장법상 수익증권 등 다른 유가증권 마찬가지로 요식증권이다. 투자자보호를 위하여 신탁의 수익권에 관한 중요사항을 수익증권에 반드시 기재하도록 하였고, 수탁자(수탁자가 법인인 경우에는 그 대표자)가 기명날인 또는 서명하도록 하였다(요식증권성).[7] 개정 신탁법 제79조는 수익증권발행신탁의 경우 수익권이 증권화되어 유통성이 높아지므로 수익자의 수가 많아지고 그 변동 가능성도 높아지게 되는데, 이렇게 다수의 변동 가능한 수익자 간의 법률관계를 획일적으로 원활하게 처리하기 위하여 수익자명부제도

6 법무부, "신탁법 해설"(법조협회, 2012), 618면
7 위의 해설서, 615면

를 도입하였다. 또한, 개정 신탁법 제82조는 수익증권의 유통성을 강화하기 위하여 수익증권 소지자의 실질적 권리를 조사할 필요도 없이 권리의 외관만을 신뢰하고 거래할 수 있도록 수익증권발행신탁의 수익증권 점유자에 대하여 자격수여적 효력을 인정하고, 상법상 주권의 선의취득과 마찬가지로 수익증권의 선의취득을 인정하였다. 따라서 수익증권의 점유자는 적법한 소지인으로 추정되므로 실질적 권리를 주장·증명함 없이 수탁자에 대하여 명의개서를 청구할 수 있으며, 이를 통하여 수익증권의 권리추정력과 선의취득을 인정하고자 하였다.[8]

결국, 개정 신탁법에서 도입한 수익증권 발행신탁제도를 통해서 신탁으로 부동산을 유동화하여 수익증권이 발행될 수 있는 법적 근거가 마련되었다고 볼 수 있다.

한편, 2012년 7월 31일 자본시장법 개정안이 국무회의를 통과했다. 자본시장법 개정안 제110조 등에는 개정 신탁법의 취지에 맞추어 수익증권 발행신탁 관련 제도를 정비하는 내용이 포함되어 있는데, 그중에서도 수익증권 발행금전 신탁계약에 한하여 수익증권을 발행할 수 있다는 현행 규정을 개정하여 신탁의 종류와 관계없이 수익증권을 발행할 수 있도록 허용하고 있으며, 신탁업자가 수익증권 발행신탁의 수익증권을 발행하려는 경우 예탁결제원의 명의인으로 하여 기명식으로 수익증권을 발행하여야 한다고 규정하고 있다. 또한, 자본시장법 개정

8 위의 해설서, 641면

안에서는 투자자보호 및 수익증권 발행절차에 관한 다양한 규정을 마련하고 있는데, 신탁업자가 수익증권발행신탁의 수익증권을 발행하는 경우에는 집합투자재산의 평가방법과 동일하게 시가 또는 공정가액으로 평가하도록 하고, 원칙적으로 그 기준가격을 매일 공고·게시하도록 하였다.

그러나 자본시장법 개정안은 통과되지 못하여 2016년 5월 29일 국회 임기만료로 폐기되었다. 앞서 신탁법이 개정되어 부동산신탁을 활용한 수익증권 발행에 대한 법적 근거가 마련되었다고 하나, 부동산신탁을 활용하여 부동산 디지털 유동화 증권과 같은 금융투자상품을 제공하기 위해서는 위와 같은 개정안에 따라 자본시장법 제110조가 개정되어야 가능하다. 왜냐하면, 금융투자업자는 자본시장법의 규제를 받도록 되어 있고, 신탁업도 금융투자업 중 하나이기 때문이다. 그런데 자본시장법이 신탁법 개정 취지에 따라 개정되지 않음으로써 신탁법을 활용한 다양한 수익증권 발행과 같은 금융투자상품의 출시가 현실적으로 막히게 되었다.

결국, 현행 자본시장법에 의한다면 금융투자업자인 신탁업자는 여전히 금전신탁의 한해서만 수익증권을 발행할 수 있게 되어 현행 법제 하에서는 부동산신탁에 의한 수익증권 발행은 현실적으로 어렵게 되었다.[9]

한편, 금융위원회가 '부동산 전문거래소 및 부동산 DABS 유통 플랫

9 물론 자산유동화에 관한 법률에 의거한 부동산신탁의 수익증권 발행은 여전히 가능하다(제32조).

폼 사업'을 혁신금융서비스(금융규제 샌드박스)로 지정함에 따라 위 사업에 한하여 부동산신탁에 의한 수익증권 발행이 한시적으로 가능하게 되었다.

즉, 금융혁신지원 특별법이 2019년 4월 1일 시행되었는데, 이 법에 의하여 금융위원회가 혁신금융서비스(금융규제 샌드박스)로 지정하게 되면, 관련 법적 규제가 한시적으로 적용받지 않게 된다. 이에 따라 (주) 카사코리아 등[10] 은행과 신탁사들은 '디지털 부동산 수익증권 유통 플랫폼 서비스'에 관한 규제 특례를 신청하였고, 2019. 12. 18. 금융위원회에서는 위 서비스를 혁신금융서비스로 지정하게 되었다.

금융위원회에서는 위 플랫폼 서비스에 대하여 지정일로부터 2년간 부동산 신탁계약에 의한 수익증권 발행을 허용(자본시장법 제110조 제1항)하고, 플랫폼 개설을 위해 거래소 허가 규정에 대한 예외를 인정하였으며(동법 제373조), 증권거래 중개를 위한 투자중개업 인가에 대한 예외를 인정하였다(동법 제11조).[11] 그리고 자본시장법상 부동산 수익증권의 디지털 증권 발행에 관한 근거가 불분명하지만, 이 부분도 허용해 준 것이라고 볼 수 있다.

다만, 크라우드 펀딩과 동일한 수준의 투자광고는 금융투자협회의 심의를 거쳐 허용하되 타사 플랫폼과의 제휴를 통한 영업 및 금융회사

---

10 신청기업명은 (주) 카사코리아, (주) 국민은행, (주) 하나은행, (주) 코람코자산신탁, (주) 한국자산신탁, (주) 한국토지신탁이다.

11 기간 종료 시 규제 특례는 원칙적으로 종료되나, 시장안착을 위해 인허가 심사 절차를 지원하고 입법조치 권고와 배타적 운영권(2년 이내) 부여 가능

창구판매 등은 금지시켰고, 매매방식은 다자간 상대매매방식으로 한정하고 사업규모를 제한하였다.

결국 카사코리아[12] 등이 주도하고 있는 DABS 부동산 거래소 사업은 현행법과 저촉될 수 있음에도 한시적으로 진행이 가능하게 된 것이다. 이러한 블록체인을 통해 OTC 시장에서 수익증권을 활발히 거래할 수 있도록 규제를 푼 것은 신탁법상 수익증권 발행신탁의 활성화에 커다란 영향을 미칠 것이다. 또, 최근에 카사코리아에 이어 루센트블록과 펀드블록글로벌도 부동산 DABS 플랫폼 서비스를 준비 중에 있으며 엘리시아도 블록체인 기반 부동산 자산 분할 및 거래 서비스를 제공하려 하고 있다. 이러한 블록체인 기술에 기반한 플랫폼 회사들도 카사코리아와 같이 규제특례제도인 금융규제 샌드박스 제도를 충분히 활용할 필요가 있을 것이다.

부동산 디지털 유동화 증권은 부동산신탁에 의한 수익 증권화를 전제로 하고 있다. 앞서 자본시장법에서는 부동산신탁에 의한 수익증권화를 허용하고 있지는 않지만, 금융규제 샌드박스를 통하여 일부 사업자에 대하여 한시적으로 허용하고 있는데, 이러한 부동산신탁에 의하여 발행된 수익증권의 법적 성질이 무엇인지 검토할 필요가 있다.

우선 부동산 신탁에 있어서 수익권은 수탁자에 대하여 가지는 채권

---

12 카사코리아의 블록체인 기반 기술로 플랫폼을 구축하고 KEB 하나은행이 계좌개설, 수익증권 발행 등 신탁회사 역할을 수행하는 것으로 알려져 있다.

(민법상의 지명채권)으로서의 성질을 가진다는 것이 일반적인 견해이며 상술한 바와 같이 부동산신탁의 경우 자본시장법상 신탁사가 수익증권을 발행하는 것이 허용되지 않는다. 다만, 금융규제 샌드박스에 의하여 앞서 본 '디지털 부동산 수익증권 유통 플랫폼 서비스'에 국한하여 부동산 신탁계약에 의한 수익증권 발행이 가능하게 되었고, 이에 근거하여 발행된 부동산 디지털 유동화 증권은 이러한 수익권을 증권화한 것이라고 볼 수 있다.

따라서 부동산 디지털 수익증권 증권은 민법상 지명채권적 성질을 가진 수익권이 아니라 유가증권으로서의 성질을 가진다고 보아야 한다. 일반적으로 강학상 유가증권이라 함은 "재산권을 표창한 증권으로서, 그 권리의 발생·행사·이전의 전부 또는 일부를 증권에 의하여야 하는 것"이라는 것이 통설이다.[13] 민법상 일반적인 지명채권이 채권양도 시마다 통지·승낙이 있어야만 대항 없이 완전하게 재산권이 이전되는 것과 달리, 유가증권은 배서(기명식·지시식) 내지 교부(무기명식)만으로도 재산권의 완전한 이전이 가능하다는 점이 특징이다. 신탁법에 수익증권발행신탁을 일반 신탁계약에서의 수익권과 달리 설정하고 수익증권의 양도성에 관한 규정을 둔 것은 유통성 강화 차원에서 유가증권성을 부여하기 위함이다.

한편, 일반적으로 권리의 유통을 위하여 이를 증권 또는 증서에 표

13 이철송, 어음·수표법(제12판), 박영사, 2012, 19면 등

시하는 경우 그 유가증권은 표시하는 권리 내용에 따라 지분증권, 채권증권, 물권증권으로 구분된다. 자본시장법은 증권의 종류를 6가지[14]로 규정하고 있으나, 이를 권리 내용에 따라 크게 분류하면 모두 지분증권이거나 채권증권에 해당한다. 자본시장법상 지분증권 이외에 채무증권, 수익증권 및 파생결합증권이 표시하는 권리도 모두 일정한 투자계약에 따른 손익의 귀속에 관한 계약상의 권리로서 금전 또는 유가증권의 지급·인도를 목적으로 하는 것이므로 모두 '채권증권'에 해당한다고 할 수 있다.[15] 부동산 수익권이 디지털화되어 표시된 증권상의 권리 역시 신탁사에 대한 수익금 채권을 증권화한 것이므로 채권증권이라고도 볼 수 있을 것이다. 따라서 유가증권으로서의 부동산 디지털 유동화 증권은 권리 내용 측면에서는 채권증권에 해당된다고 봐야 한다. 개정 신탁법 제82조에서도 수익증권의 권리추정력 및 선의취득을 인정하고 있는 등 수익증권의 유통성을 강화하고 있다. 따라서 부동산 디지털 유동화 증권은 유가증권 및 채권증권에 관한 법리에 따라 권리관계에 대한 법리적 쟁점을 해소할 수 있을 것으로 보인다.

한편, 부동산 토큰화의 첫걸음은 부동산 소유자가 신탁사에 신탁제도를 이용하여 대상 부동산의 소유권을 이전하는 것이다. 부동산신탁이란 '부동산을 수탁재산으로 하는 신탁'인데, 위탁자(부동산 소유자)가

---

14 채무증권, 지분증권, 수익증권, 투자계약증권, 파생결합증권, 증권예탁증권

15 박철영, 증권법연구 제13권 제1호(2012), 증권예탁증권(KDR)의 법적 재구성, 193면

신임관계를 바탕으로 부동산의 유지·관리나 투자수익을 올릴 목적으로 소유권을 수탁사(신탁회사)에게 신탁하고, 수탁자는 그 부동산을 유지·관리하는 행위 또는 개발 후 임대 또는 분양을 통해 수익을 올려 수익자(통상 부동산 소유자)에게 교부하는 행위(또는 법률관계)로 정의할 수 있다. 이러한 부동산신탁의 유형은 개발신탁(토지신탁), 관리신탁(분양관리신탁 포함), 처분신탁, 담보신탁, 대리사무로 분류할 수 있다. 이중 원본손실 가능성이 있는 개발신탁, 처분신탁, 담보신탁은 자본시장법상의 금융투자상품에 속하므로(자본시장법 제3조 제1항) 해당 신탁상품을 판매·운용할 경우 자본시장법상의 각종 영업행위 규제 및 공시의무 등을 준수할 필요가 있다.

신탁재산의 소유권은 신탁등기가 완료되어 신탁부동산이 수탁자에게 이전되면, 신탁부동산의 소유권은 대내외적으로 수탁자에게 완전히 귀속된다. 명의신탁에서는 대내적으로 소유권이 명의 신탁자에게 있는 것과는 달리 신탁은 신탁재산의 소유권을 수탁자에게 완전히 이전하는 행위이기 때문에 신탁계약을 체결하여 신탁등기가 경료되면 위탁자와 수탁자의 관계에서도 신탁재산의 소유권은 수탁자가 완전히 소유권을 가지게 된다. 따라서 부동산 유동화 수익증권 발행을 위해서 부동산 소유자가 신탁사와 신탁계약을 체결하여 신탁등기를 마친 경우에는 신탁사만이 온전히 소유권을 취득하게 된다.

물론, 신탁계약으로 위탁자가 신탁부동산에 대하여 일정한 권한을 행사하도록 허용하는 것은 가능하다. 하지만 유통성이 강조되는 부동산 수익증권의 특성상 위탁자의 권리를 일정 범위 내에서 제한할 필요가 있을 것이다. 그러한 이유에서 신탁법 제85조 제5항에서도 수익증권 발행신탁의 경우 수탁자 해임권, 신탁변경권 등 위탁자의 권리행사를 일정 범위에서 제한하고 있다. 나아가 신탁계약에서 달리 정하지 않는 한 신탁사가 수익자에게 일정한 요건 하에서 비용상환 등을 청구할 수 있는 권리행사 조항의 적용을 배제하고 있는데(신탁법 제85조 제7항) 이 모두가 수익증권의 유통성을 위한 수익자 보호조치로 보인다. 디지털 부동산 수익증권도 수익증권발행신탁의 법적 성질을 가지고 있으므로, 위와 같은 신탁법의 취지를 고려하여 위탁자의 권리행사를 제한하고 수익자(투자자)의 이익을 보호하는 방식으로 신탁계약을 체결하는 것이 바람직하다.

현재 카사코리아 등이 신탁사와 추진하고 있는 부동산 토큰의 플랫폼 사업은 주로 상업용 건물 등 수익형 부동산에 관한 유동화로 보인다. 건물 소유주는 부동산 신탁사와 처분신탁 내지 관리신탁 방식으로 건물 소유권을 신탁사에게 이전하게 될 것이고, 신탁사는 감정된 건물 가격을 기초로 하여 수익증권을 발행할 것이다.

여기서 유동화와 증권화를 위해 제도화한 신탁법상의 수익증권 발행신탁제도가 향후 이러한 신탁관계의 법적 규율에 있어 도움이 될 것으로 보인다. 일반적으로 신탁의 경우, 통상 수익자는 신탁수익권이라는 신탁의 이익을 받을 수 있는 권리를 갖게 되지만, 이러한 이익을 받을 권리라는 것은 그 자체만으로는 단순한 권리, 즉 채권에 지나지 않는다. 이 권리를 유가증권에 얹어 투자자 간에 유동시키고, 권리를 취득하기 위해 투자한 금전을 회수하기 쉽게 만든 것이 수익증권 발행신탁이다.

상술한 바와 같이 수익증권 발행신탁은 신탁법 제78조에 따라 수익증권을 발행하는 신탁이지만, 신탁행위로 수익권을 표시하는 수익증권 발행에는 특별히 신탁재산을 제한하는 내용이 없다. 신탁법 제2조에서도 특정의 재산(영업이나 저작재산권의 일부를 포함)이 신탁재산이라고 정의하고 있으므로, 수익증권 발행신탁이 가능한 재산에는 금전, 부동산, 유가증권, 특허권 등의 지적재산 등 모두가 포함된다. 결국, 수익증권 발행신탁을 통해 신탁업자는 다양한 신탁재산을 기초로 수익증권을 발행함으로써 신탁재산을 분할하여 다수의 수익자에게 유동화하는 것이 가능하게 되었고, 수익자 역시 수익권의 유통성이 증대됨으로써 투자자금을 조기에 회수할 수 있게 되었다.

더욱이 향후 부동산개발사업과 같이 막대한 투자수익을 발생할 부동산 프로젝트 사업의 경우 사업단계별로 수익증권 발행신탁을 적극 활용하여 다양한 부동산 토큰화 사업을 할 수 있을 것이라고 예상하는 전문가들도 많다.[16] 상술한 바와 같이 수익증권은 수익권의 차등적 설정이 가능한데, 부동산 사업 개발진행단계(착공 전후, 분양 전후, 준공 전후)에 따라 수익증권을 발행할 수 있을 것으로 보이고, 이로 인한 자금조

16 KIF VIP 리포트 2020-05, 서정호, 국내 부동산신탁업의 구조와 발전과제

달 및 회수가 사업단계별로 용이할 것이다. 다만, 이를 위해서는 상기한 바와 같이 금전신탁 이외에 다른 재산권에도 수익증권이 발행될 수 있는 내용으로 자본시장법이 개정되어야 한다.

신탁사가 위탁된 부동산을 기반으로 한 수익증권을 발행하여 블록체인 기술을 활용하여 전자증권 형태로 거래소에 상장함으로써 부동산 토큰, 즉 부동산 디지털 유동화 증권이 상장된 증권으로서 일반 투자자에게 유통된다. 이 단계에서는 수익증권 발행신탁의 전자증권화와 상장화가 쟁점인데, 수익증권 발행신탁의 전자등록에 관해서는 신탁법 제78조 제6항에서 일부 규정한 것이 있기는 하나 부동산 수익증권을 구체적으로 전자증권화하는 규정은 명확하지가 않다.

그리고 수익증권 발행신탁의 상장화 역시 현행법상 특별히 규율하지 않고, 이에 관한 연구도 전무한 실정이다. 다만, 일본의 신탁은행계에서는 신탁법에 규정하는 수익증권 발행신탁의 수익증권을 금융상품거래소에 상장한 것이 '상장신탁'이라는 표현으로 통용되고 있다. 이러한 수익증권 발행신탁의 상장신탁은 2010년 7월에 동경증권거래소에 상장된 귀금속 상장신탁에 이용된 것이 최초의 공표사례이다.

이러한 귀금속과 같이 물건을 신탁재산으로 하여 수익증권 발행신탁을 상장시키는 것은 수익증권 발행신탁의 수탁자가 물건을 관리하고 그 수익증권을 상장함으로써 물건을 이동시키지도 않고도 금융상품

거래소를 통해서 용이하게 유통시킬 수 있게 된다.[17] 물리적이나 실무적으로 용이하게 움직이기 어려운 물건, 특히 부동산과 같이 부동성을 본질로 하는 상품이라면 상장방식의 수익증권 발행신탁을 활용할 메리트가 충분히 있다고 할 수 있다. 그리고 부동산투자가 아무리 장기적이라고 해도 상장신탁이라면 거래소를 통해 유동성이 높아져서 보유기간 동안 언제든지 매각이 가능하게 된다. 부동산 토큰도 이러한 상장신탁을 전제로 한 것인데, 아직 상장신탁에 대한 제도적 도입이 없는 상황이다. 다만, 우리나라에서도 신탁법에서 수익증권 발행신탁제도를 새로이 도입하였고, 이를 토대로 한 상장신탁을 통한 다양한 금융상품이 가능하다는 점에서 앞으로 상장신탁을 둘러싼 법률적인 연구와 입법적 논의가 필요하다고 할 것이다.

한편, 투자자들은 거래소를 통해서 상장된 부동산 토큰을 자유롭게 거래하며 투자금을 원하는 시점에서 회수할 수 있다. 그런데 상장된 부동산 토큰 거래가 활성화되면 건물의 임대료 등 수익금이 생기면 어느 시점의 토큰 소유자에게 배당금을 지급해야 할지 문제가 생길 수 있고, 건물 처분 등 중요한 의결을 해야 할 때 어느 시점에 수익권을 행사할 자를 확정해야 할 필요가 있다.

현행 신탁법에서는 수익증권 발행신탁의 경우 기준일 제도를 도입하고 있으므로, 이를 참고할 필요가 있다. 수익증권이 유통되면 수익

17 스기우라 노부히코(번역: 서희석), 2007년 신탁법 개정과 유동화 비즈니스의 새로운 전개

자가 수시로 바뀌므로, 권리가 수시로 변동되는 수익채권에 대한 금원 지급 또는 수익자집회의 소집과 같이 수익권을 행사할 자를 시기적으로 확정할 필요가 있다. 이러한 확정을 위한 제도적 방법으로서 상법상 주식에 대한 기준일 제도와 유사하게 일정한 날 수익자명부에 수익자로 등재한 자를 그 이후의 권리변동에도 불구하고 수익권을 행사할 자로 확정하는 기준일 제도를 도입하고 있다(신탁법 제84조). 수익증권발행신탁의 수탁자는 기명 수익증권에 대한 수익자로서 일정한 권리를 행사할 자를 정하기 위하여 기준일을 정하고 그날 수익자 명부에 적혀 있는 수익자를 그 권리를 행사할 수익자로 취급하고 있다. 기준일 제도를 채택할 것인지에 대한 여부는 수탁자가 임의로 결정할 수 있음이 원칙이지만, 신탁행위로 기준일 제도 채택 여부를 강행할 수도 있다. 기준일은 수익권자로서 권리를 행사한 날에 앞선 3개월 이내의 날이어야 한다(동법 제84조 제2항). 이는 기준일과 행사일이 너무 간극이 커져서 실제 수익자와 수익자 명부상 수익자의 괴리가 지나치게 발생하지 아니하도록 하기 위함으로 기준일을 정한 수탁자는 해당 기준일의 2주 전에 일반일간신문에 공고하여야 한다(동법 제84조 제3항). 다만, 수탁자가 법인인 경우에는 그 법인의 공고방법에 따르도록 되어 있다. 기준일 제도에 관한 규정은 임의규정이므로 신탁행위로 전부 또는 일부 그 적용을 배제할 수 있다(동법 제84조 제4항).

따라서 부동산 토큰의 경우에도 본질적으로 수익증권발행신탁이라고 볼 수 있으므로, 투자자에 대한 배당금이나 의결권 행사 등에 대해서도 신탁법상 기준일 제도를 적용 내지 유추할 수 있을 것이다.

3. 정부의 부동산 토큰화에 대한 규제방향

신탁법 개정에 따라 수익증권 발행신탁의 근거를 마련하여 신탁이 유동화 수단으로 유용해졌고 이를 활용한 다양한 금융투자상품을 개발하여 출시할 수 있게 되었다. 그러나 신탁법 개정 취지에 맞추어 자본시장법에서도 함께 개정되어야 하는데, 현재 자본시장법 제110조가 개정되지 않음에 따라 부동산신탁을 통한 수익증권 발행이 현실적으로 어렵게 되었다. 다만 부동산 디지털 유동화 증권 사업의 경우에는 금융규제 샌드박스에 의하여 일부 규제에서 벗어날 수 있었지만, 다양한 부동산 신탁을 통한 부동산 토큰 상품을 출시하기 위해서는 개정된 신탁법의 취지에 따라 자본시장법도 같이 개정될 필요가 있다.

최근 금융당국은 장외채권중개 플랫폼사업, 인공지능 금융사업, 분산원장 기반 부동산 유동화 유통 플랫폼 사업 등에 대하여 혁신금융서비스로 지정하여 관련 법령의 규제를 한시적으로 적용하지 않기로 하는 등 블록체인 기술과 같은 혁신 기술에 기반한 금융투자거래에 대하여 매우 전향적인 태도를 취하고 있다. 이러한 점에서 블록체인 기술을 활용한 스마트 컨트랙트에 의한 부동산 토큰화 사업은 전망이 밝다고 볼 수 있다.

이에 반하여 부동산 토큰을 통한 부동산 유동화가 암호화폐로 축벌되어 있는 과잉유동성을 부동산시장에도 끌어들인다고 정부 당국이 판단할 경우 부동산 디지털 토큰에 대한 규제 강화에 들어갈 것이고, 자본시장법 개정에도 소극적으로 임할 것이다. 그렇게 되면 블록체인 기술을 활용한 부동산 토큰화의 움직임은 꽃이 피기도 전에 뿌리부터 꺾일 수 있다.

4차 산업혁명이 미래 금융시장의 변화를 이끌어가는 핵심요인이고 시대의 흐름이라는 점에서 디지털 부동산 토큰을 개인투자자의 관점이 아니라 사회적 활용 차원에서 정책적으로 접근할 필요가 있다. 특히 고령화 시대에 개인 자산의 자산관리수단으로서 신탁의 기능이 아주 중요해지고 있는 상황에서 금융소비자의 니즈를 충분히 충족시키기 위해서라도 신탁업의 꽃인 부동산신탁의 디지털 토큰화는 우리나라 금융시장의 발전을 위해서도 반드시 필요하다.

그러한 점에서 정부는 자본시장법 개정 등을 통해서 블록체인 기술을 활용한 스마트 컨트랙트에 의한 부동산 토큰에 대한 법적 근거를 마련하고, 디지털 토큰의 거래소에 대한 인허가 기준을 마련할 것으로 보인다. 다만, 공시의무, 기초자산 평가 기준, 거래소 인허가 기준 등 투자자 보호를 위한 제도적 장치도 함께 마련되어질 것으로 보인다.

참고문헌

- 국토연구원, 2020. 1. 14., 부동산 유동화 수단으로 블록체인 기술의 활용 가능성 연구
- 한국인터넷진흥원, 2018. 12. 블록체인 규제개선 연구반 결과보고서
- 한국금융연구원 신용상, 2020. 1. 일반투자자의 시장 접근성 제고를 위한 공모·상장형 부동산 유동화 시장 활성화 방안 연구, 91면
- 류현선, 최승재, 개정 신탁법상 자기신탁 및 수익증권발행 제도를 활용한 유동화 금융투자상품 설계에 대한 연구, "증권법연구 제14권 제2호(2013)", 463~466면
- 한민, "신탁제도 개혁과 자산 유동화", "Business, Financial Law", 제50호(서울대학교 금융법센터, 2011), 53~55면
- 법무부, "신탁법 해설"(법조협회, 2012), 618면
- 이철송, 어음·수표법(제12판), 박영사, 2012, 19면 등
- 박철영, 증권법연구 제13권 제1호(2012), 증권예탁증권(KDR)의 법적 재구성, 193면
- 한국토지법학회 토지법학 제29-2호 2013. 12. 30, 양기진, 신탁을 활용한 부동산 금융의 쟁점연구
- 스기우라 노부히코(번역: 서희석), 2007년 신탁법 개정과 유동화 비즈니스의 새로운 전개
- KIF VIP 리포트 2020-05, 서정호, 국내 부동산신탁업의 구조와 발전과제

제5장

부동산 코인

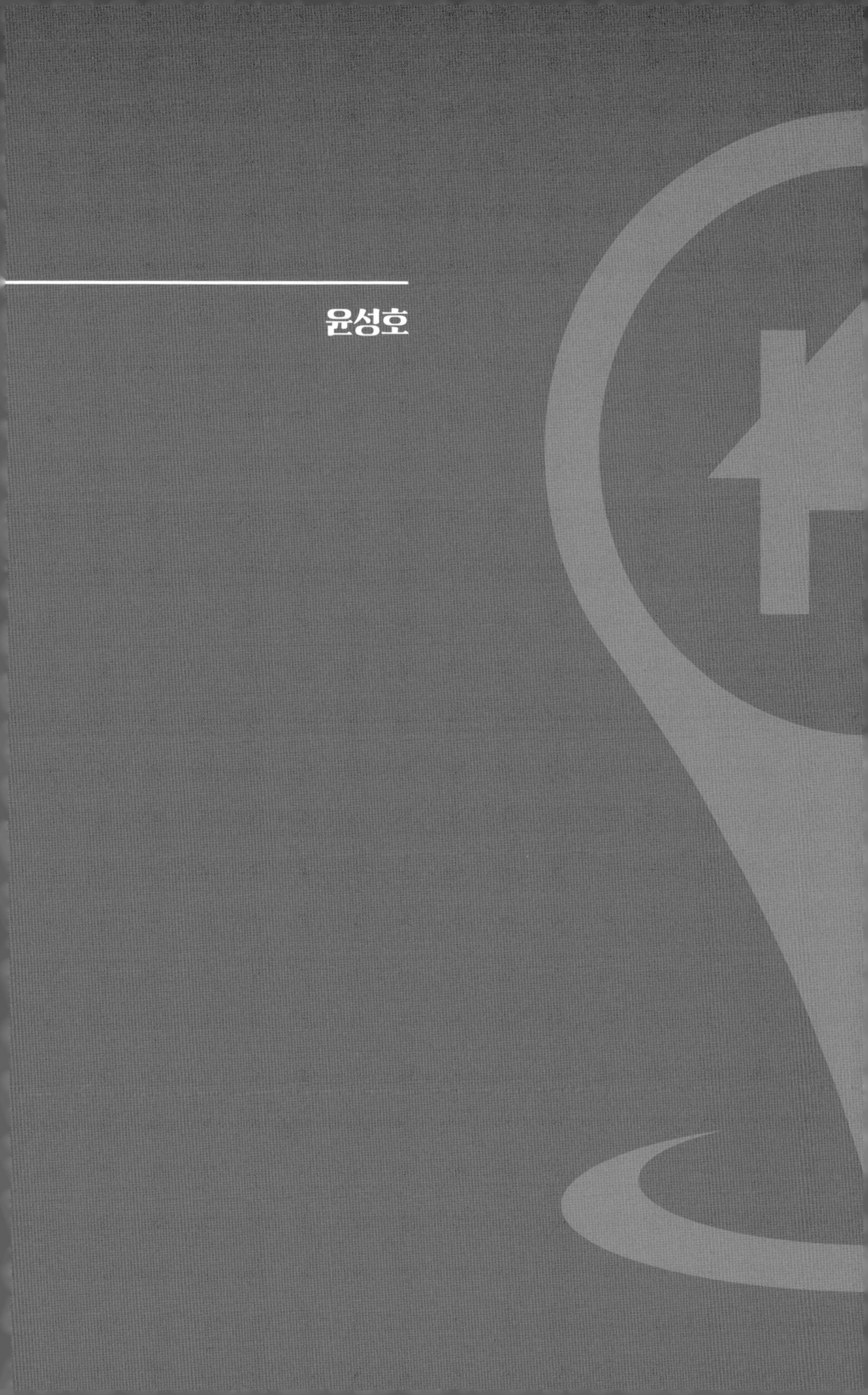
윤성호

1. 정부의 블록체인 기반 부동산 거래 플랫폼 구축 추진

대한민국이 건국된 이래로 현재까지의 반세기 동안 부동산 거래는 물건확인, 계약체결, 대출신청, 등기변경 순으로 진행되며, 거래단계별 공인중개사, 은행, 법무사 등 참여자가 거래에 필요한 부동산 공부를 종이 형태로 발급받아 확인·제출하는 절차로 이뤄지고 있다.

부동산 공부가 종이 문서로 유통됨에 따라 거래 과정에서 공문서 위·변조로 인한 범죄 위험에 노출되어 왔고, 이에 따라 현행법은 현재까지도 등기부의 추정력은 인정하고 있지만, 등기부상의 공신력[1]을 인정하지 않고 있다. 따라서 부동산을 매수하려는 자가 설령 매도인의 등기부를 확인하였다고 하더라도 마음을 놓아서는 안 되는 것이 현재의 부동산 거래의 실태이고, 거래의 안전이 100% 보장되지 않는 것이다.

특히, 2020년 들어 전 세계적으로 발생한 코로나 일상으로 행정·교육·산업 등 사회 전반에 비대면 문화가 확산됨에 따라 오프라인 중심의 부동산 거래의 불편이 더욱 가중되고 있다.

최근 주택담보대출을 통해 아파트를 구입한 김씨가 부동산을 구매하

1 등기의 공신력이라고도 한다. 실제로는 아무런 권리관계가 없으나 이를 있는 것으로 보이는 외형적 사실을 믿고 거래한 사람을 보호하기 위하여 권리관계가 있는 것과 같은 법률 효과를 부여하는 효력이다. 한국의 등기제도는 등기부의 공신력을 인정하지 않고 있다.

여 소유권 이전에 이르는 통상의 과정은 다음과 같다.

① 물건에 대한 등기사항전부증명서, 토지대장, 집합건축물 대장 등의 부동산 종이공부를 계약단계마다 열람 또는 발급하여 확인한다.

② 대출 신청 시에는 신원확인서류(주민등록 등·초본 등) 및 소득증명서류와 담보물건에 대한 등기사항 전부증명서를 발급하여 은행에 제출한다.

③ 소유권 이전을 위해 법무사에게 위임하여 또다시 신원확인서류(주민등록 등·초본 등), 토지대장, 집합건축물대장, 부동산거래계약 신고필증 등을 등기소에 제출하는 복잡한 과정을 거친다.

현재의 부동산 거래는 위와 같이 복잡다단할 뿐만 아니라 각 단계마다 거래 당사자의 주관적 의사결정이 거의 반영되기 어려울 정도로 전문적인 내용을 포함하고 있다. 이러한 문제를 해결하기 위하여 공인중개사를 통한 거래가 대부분이지만, 최근의 높은 부동산 가격으로 인하여 비싼 수수료를 부담할 수밖에 없다. 공인중개사의 서비스는 이전과 별반 차이가 없지만, 중개수수료가 고가 부동산 기준의 적용을 받도록 하는 현행법의 한계를 극복하는 것이 어려운 실정이다.

이에 대하여 국토교통부는 2020년 6월 26일 포스트 코로나 시대를 대비하여 24년까지 블록체인 기반의 부동산 거래 플랫폼을 구축, 추진할 것을 발표하였다. 즉, 종이 서류 및 등기소 등 기관의 방문이 없이 계약에서 등기 이전까지 한 번에 처리가 가능한 서비스 체계로의 플랫폼을 구축하는 것이다.

국토교통부는 2024년까지 첨단 정보통신기술(ICT)을 적용한 '블록체인 기반 부동산 거래 플랫폼'을 구축하여 국민, 공공기관, 금융기관 등이 투명하고 빠르게 부동산 공부를 열람하고 활용할 수 있는 환경을 만들 계획이다.

이는 블록체인을 기반으로 하기 때문에 실시간성, 투명성, 보안성 등 기존 데이터 공유 방식의 한계를 극복할 수 있는 데이터 분산 저장기술로 현재에는 스마트 컨트랙트까지 가능하다. 토지(임야)대장, 건축물 정보, 토지이용계획, 부동산 종합증명서 등을 블록체인 기반의 부동산 플랫폼을 통하여 열람할 수 있는 것이다.

국토교통부는 2020년 블록체인 기반의 부동산 거래 플랫폼 구축을 위한 정보화 전략계획(BPR/ISP) 사업을 착수하였고, 2022년부터 3년에 걸친 블록체인 기반 부동산 거래 플랫폼 구축 사업 진행에 앞서 사업 내용의 구체화, 단계별 세부 계획 수립, 이에 따른 세부 예산 등을 산출할 계획이다.

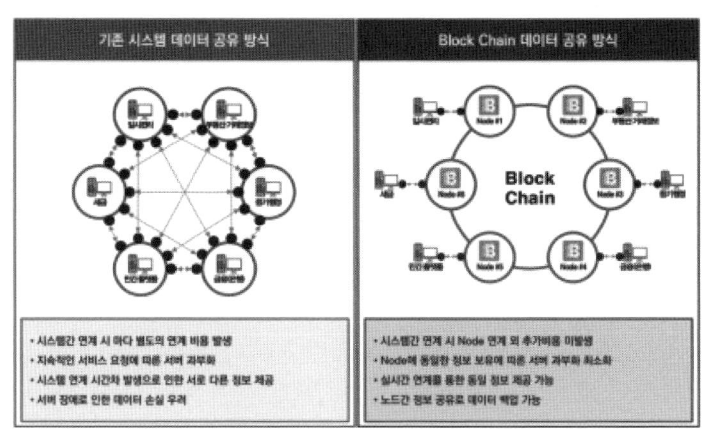

《블록체인 데이터 연계·공유방식》

국토교통부는 이를 위해 부동산종합공부시스템(일사편리)의 부동산 공부를 블록체인 기술 기반의 데이터 공유 방식을 적용하는 방안을 우선적으로 마련할 것을 밝혔다.

As-is		To-be
종이 형태의 부동산 공부를 직접 발급·제출	서류제출	블록체인 데이터 형식의 연계로 종이 공부 발급, 기관방문 불필요
은행, 등기소, 지자체 등 기관 방문을 통한 오프라인 대면 거래	거래방식	부동산거래 플랫폼을 통한 온라인 비대면 거래
종이 공부의 유통에 따른 공문서 위·변조로 인한 범죄위험에 노출	정보보안	블록체인 기반의 부동산 공부 암호화로 원천 차단

《기존 종이공부 유통 체계와의 비교》

2. 국내 부동산금융으로서의 리츠 시장의 형성 및 발전 동향

리츠(Real Estate Investment Trusts)란 부동산투자회사법 제2조 제1호에 따라 다수의 투자자로부터 자금을 모아 빌딩, 호텔 등 부동산을 매입, 운영한 후 그 수익을 투자자에게 돌려주는 부동산 간접투자기구인 주식회사[2]를 말한다.

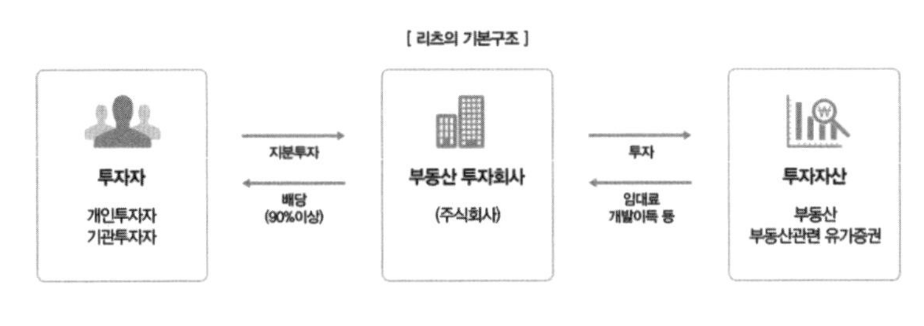

《리츠의 기본 구조》[3]

부동산투자회사법은 IMF 금융위기 이후 기업구조조정과 급락한 부동산시장의 안정화를 목적으로 2001년 7월 1일 도입되었다. 기존에는 부동산을 매매하는 직접 투자 방식이었다면 리츠를 통한 간접투자 방식으로 변동된 것으로, 종래 부동산 투자 접근이 어려운 소액투자자에게 우량 부동산에 대한 투자참여 기회를 제공하여 일반인의 부동산 간

---

2 부동산투자회사는 영업인가를 받거나 등록을 한 날로부터 2년 이내에 발행하는 주식 총수의 30% 이상을 일반의 청약에 제공하여야 하고(부동산투자회사법 제14조의8 제2항), 총자산의 70% 이상은 부동산(건축 중인 건축물을 포함)이어야 한다(동법 제25조 제1항). 부동산투자회사는 매년 해당 연도의 배당가능이익의 90% 이상을 주주에게 배당할 의무가 있다(동법 제28조 제1항).

3 국토교통부 리츠정보시스템

접투자 기회를 제공하고, 종래의 투기적 부동산 시장을 건전한 투자시장으로 전환하여 부동산시장의 가격안정을 도모하기 위한 것이 애초의 목적이었다.

기존 부동산 투자(직접투자)	리츠를 통한 부동산투자(간접투자)
부동산 투자자 ↔ 부동산 시장	부동산 투자자 ↔ 리츠 ↔ 부동산 시장

- 부동산 소유권 거래 - 주식증권 거래(유동화)
- 부동산매매, 1人 수익 - 리츠 배당, 다수 투자자 수익(90% 배당)
- 거액의 투자자금 또는 대출 수반 - 소액투자 가능

국토교통부는 2018년 12월 20일 '리츠 공모·상장 활성화 방안'을, 2019년 9월 11일 '공모형 부동산 간접투자 활성화 방안'을 각각 발표하여, 일반 국민이 안정성과 수익성을 갖춘 부동산투자회사(이하 리츠)에 보다 쉽게 투자할 수 있도록 하는 방안을 마련하였다.

이에 국내 리츠 시장 규모는 2002년 자산규모 5,584억 원을 시작으로 하여 2013년도에는 10조 원을, 2016년에는 25조 원을 돌파하였고 2019년 말 51.2조 원을 달성하였다.[4]

4 국토교통부 리츠정보시스템

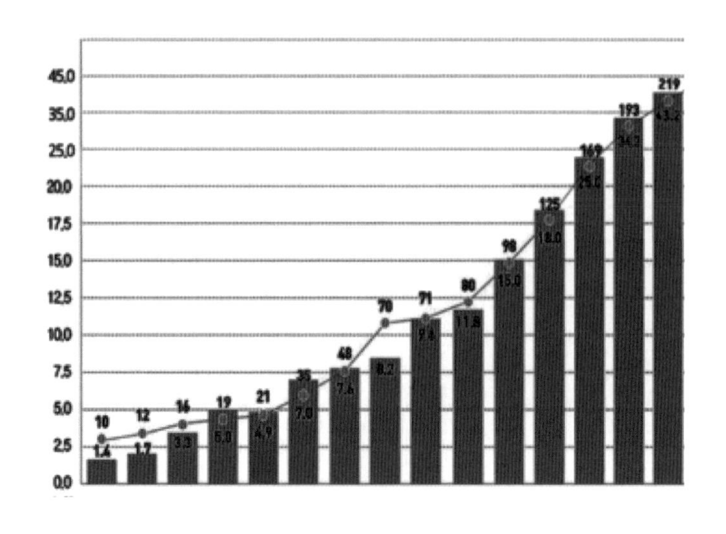

국토교통부 발표에 따르면 2011년 이후 리츠 수익률은 안정적인 흐름을 지속하였고, 2018년 평균배당 수익률은 8.5% 수준을 보였다(임대주택 제외).[5]

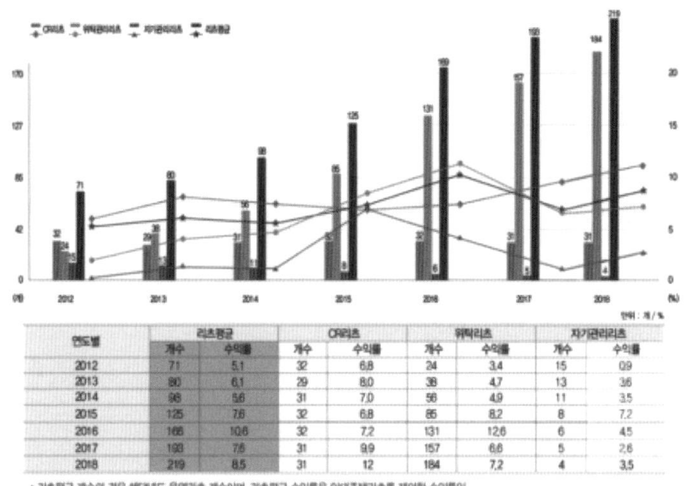

연도별	리츠평균		CR리츠		위탁리츠		자기관리리츠	
	개수	수익률	개수	수익률	개수	수익률	개수	수익률
2012	71	5.1	32	6.8	24	3.4	15	0.9
2013	80	6.1	29	8.0	38	4.7	13	3.6
2014	98	5.6	31	7.0	56	4.9	11	3.5
2015	125	7.6	32	6.8	85	8.2	8	7.2
2016	169	10.6	32	7.2	131	12.6	6	4.5
2017	193	7.6	31	9.9	157	6.6	5	2.6
2018	219	8.5	31	12	184	7.2	4	3.5

* 리츠평균 개수의 경우 해당년도 운영리츠 개수이며, 리츠평균 수익률은 임대주택리츠를 제외한 수익률임

5 국토교통부 리츠정보시스템

3. 부동산 디지털 유동화 증권(DABS) 플랫폼

최근 블록체인 기술을 기반으로 전통적 자산을 디지털 증권으로 유동화하는 방법이 발전되고 있는데, 그중 가장 주목받는 분야는 부동산이다. 즉, 위와 같은 전통적인 부동산 간접투자기구인 리츠 이외에 최근 블록체인 기술을 기반으로 한 부동산 디지털 유동화 증권(Digital Asset Backed Securities, DABS) 플랫폼이 화두에 오르고 있다.

DABS는 부동산을 기반으로 한 수익증권을 블록체인 기술을 사용하여 디지털 증권으로 유동화한 것이다. 즉, 하나의 부동산(건물, 토지 등)을 단위별로 쪼개어 지분만큼의 DABS를 발행하고, 투자자들은 부동산 신탁회사가 발행한 DABS를 매수하는 방식으로 이를 보유하게 되고 해당 부동산이 임대를 통하여 벌어들이는 수익은 DABS를 보유한 투자자들에게 배분된다. 매우 적은 소액의 돈을 투자하여 DABS를 보유할 수 있고 서울의 강남 일대에 있는 고층 빌딩으로부터 안정적인 임대료를 투자 비율만큼 배분받을 수 있는 것이다.

소액 투자자들은 DABS를 보유함으로써 사실상의 지분을 보유할 수 있게 되고, 실물의 발행이 없으므로 발행비용 및 절차가 대폭 감소된다. 이는 곧 투자자들의 수익성 향상으로 직결된다. 수익증권은 블록체인 시스템 안에서 암호화된 고인으로 보관, 관리되기 때문에 위조 및 변조가 사실상 불가능에 가깝다. 해당 부동산은 신탁회사에 의하여 관리·운영되고 있기 때문에 실체가 없을 수 있는 일반적인 가상화폐와도

명백히 구별된다.

이미 시행되고 있는 부동산 DABS 전문거래소는 통상 다음과 같은 절차로 작동된다. 즉, 부동산 소유주는 부동산 자산 신탁회사에 관리처분 신탁계약을 체결하고, 부동산 소유권을 신탁회사에 이전한다. 아울러 부동산 소유주는 공인된 감정평가법인이 평가한 감정가격에 따라 부동산 거래소에 상장을 신청하게 된다. 신탁사는 신탁 받은 부동산을 운영하고, 은행과 함께 DABS를 발행하여 이를 투자자들에게 배분하게 된다.

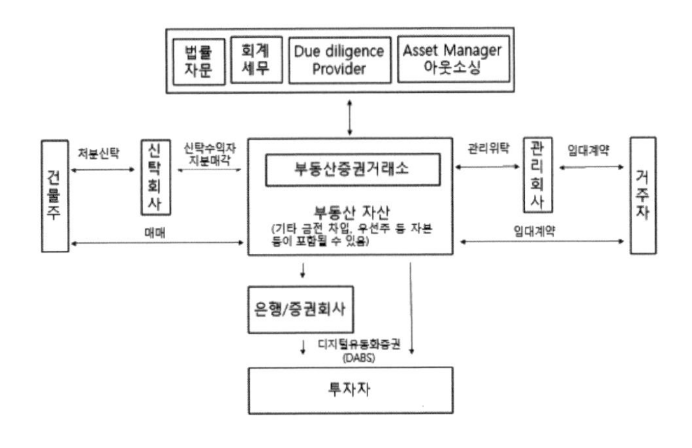

《부동산 디지털 유동화의 기본 구조》

투자자들은 컴퓨터 또는 스마트폰 앱으로 DABS를 관리할 수 있을 뿐만 아니라 자유롭게 거래할 수 있게 된다. 즉, DABS를 보유한 투자자들은 건물 등 부동산 임대 수익에 대하여 배당 이익을 얻을 수 있을 뿐만 아니라 주식과 같은 방식의 매매 거래를 통하여 시세차익을 얻을 수도 있는 것이다.

현재 국내에는 대표적인 부동산 DABS 플랫폼으로 카사코리아가 있다. 금융위원회는 금융혁신지원특별법에 따라 부동산 전문거래소 및 부동산 DABS 유통 플랫폼 사업을 혁신금융서비스(금융규제 샌드박스)로 지정하였고 카사는 2019년 12월 금융위원회로부터 '디지털 부동산 수익증권 유통 플랫폼 사업자'로 지정되었다.

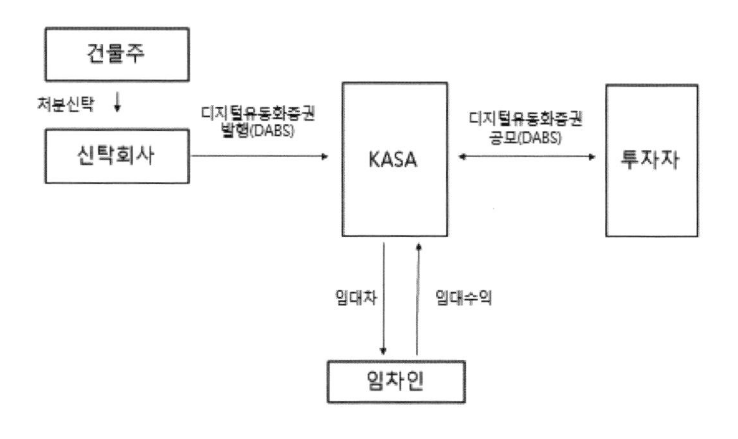

《카사코리아 부동산 DABS 발행 개념도》

4. DABS 플랫폼과 스마트 컨트랙트

블록체인 기술은 부동산을 포함하여 현존하는 대부분의 자산을 디지털 방식의 토큰화로 하는 것을 가능하게 하였다. 디지털화된 자산은 투자자들에 의하여 관리될 뿐만 아니라 스마트폰 앱을 이용하여 투자자들 사이에 자유롭게 거래될 수 있는 것이다.

앞서 말한 것과 같이 종래의 부동산 거래는 물건확인, 계약체결, 대출신청, 등기변경 순으로 진행되었고, 거래 단계별로 공인중개사, 은행, 법무사 등이 참여하였고, 모든 거래는 종이 형태로 확인, 제출되는 방식으로 이루어졌다.

그러나 블록체인 기술을 통한 부동산 DABS 거래는 과거에는 상상할 수도 없었던 종래의 거래 방식을 벗어나게 하였다. 블록체인이란 말 그대로 여러 개의 블록이 사슬(체인)과 같이 엮인 것으로 각 블록은 거래 정보를 담고 있으며 널리 알려진 바와 같이 탈중앙화(Decentralization)되고 분산적(Distributed)인 특징을 갖고 있다. 전체 시스템은 안정적으로 운영되고, 각 거래의 신뢰성, 투명성이 확보된다.

이와 같은 블록체인이 DABS 플랫폼에 적용되는 가장 핵심적인 기능은 스마트 컨트랙트(Smart Contract)로 컴퓨터 코딩으로 이루어진 함수가 조합된 작은 프로그램에 해당한다. 투자자들은 플랫폼상 정해진 규칙에 따라 디지털 자산을 보유하고 관리하며 거래한다. 스마트 컨트랙트는 바로 위와 같이 플랫폼상에서 정해진 다양한 규칙을 이행하기 위한 프로그램인 것이다.

이더리움(Ethereum)은 위와 같은 블록체인을 구현한 것이고, 이더리움 가상 머신(Ethereum Virtual Machine, EVM)은 이더리움의 스마트 컨트랙트를 위한 런타임 환경에 해당한다. 즉, 스마트 컨트랙트는 이더리움의 가상 환경에서 배포되어 실행되는 프로그램이고, 이와 같은 스마트 컨트랙트를 구현하는 데 사용하는 가장 대표적인 언어는 자바(Java)를 기반으로 한 솔리디티(Solidity)다.

통상 솔리디티로 작성한 프로그램을 솔리디티의 컴파일러로 컴파일한 실행코드를 DABS 플랫폼상에 배포함으로써 스마트 컨트랙트 환경을 조성하게 된다.

```
pragma solidity ^0.5.0;


contract Coin {
// The keyword "public" makes those variables
// easily readable from outside.
address public minter;
mapping(address => uint) public balances;


// Events allow light clients to react to
// changes efficiently.
event Sent(address from, address to, uint amount);


// This is the constructor whose code is
// run only when the contract is created.
```

```
constructor() public {
minter = msg.sender;
}
function mint(address receiver, uint amount) public {
require(msg.sender == minter);
require(amount < 1e60);
balances[receiver] += amount;
}
function send(address receiver, uint amount) public {
require(amount <= balances[msg.sender], "Insufficient balance.");
balances[msg.sender] -= amount;
balances[receiver] += amount;
emit Sent(msg.sender, receiver, amount);
}
}
```

솔리디티로 작성된 간단한 가상화폐의 소스코드[6]

DABS 환경에서 가장 중요하면서도 반드시 해결되어야 하는 문제점으로는 투자자들이 받은 DABS가 위조된 것인지를 확인 가능하여야 하고, DABS가 이중으로 지급되어서는 안 되며, DABS 플랫폼에서 투자자들 사이의 트랜잭션의 무결성이 보장되고, 부정행위가 의도적으로

6 Solidity 0.8.0 Documentation(soliditylang.org) 참조

작동되어서는 안 된다.

상황에 따라서 다르게 작용할 것이지만, 이더리움 기반의 스마트 컨트랙트 자체에는 문제점이 없을 수 있더라도, DABS 플랫폼은 설계된 방향에 따라 위와 같은 문제점을 내포할 수 있다. 현재까지 알려지거나 어느 정도 예상 가능한 문제점에 대하여는 현재 공개된 다양한 방식, 즉 스마트 컨트랙트로 발생될 수 있는 트랜잭션의 양을 제한하거나, 트랜잭션을 작고, 쉽게 모듈식으로 운영하는 방식, 계약의 마지막 단계에 이르기 전에 상호 거래를 완전히 충족시킬 수 있는 조건이 형성되었는지를 검사하는 방식, 검사가 실패하는 경우 안전모드로 진입하는 방식 등으로 해결이 가능할 것이다.

5. 디지털화로 예고된 부동산 시장의 변화

스마트 컨트랙트는 그 실행내용의 무결성을 보장하고, 위조 및 변조를 원천적으로 불가능하게 한다. 정부는 2024년까지 '블록체인 기반 부동산 거래 플랫폼'의 완성을 목표로 두고 있고, 종이로 이루어지는 종래의 부동산 거래 방식이 점차 사라지고, 종국에는 모든 부동산 거래가 블록체인에 기반을 둔 스마트 컨트랙트 방식으로 완전히 대체될 것이 분명하다.

그동안 국내 대부분의 리츠는 좀처럼 영속적인 형태를 갖거나 영세한 규모를 벗어나지 못하였다. 정부는 계속하여 부동산 리츠 시장을 확대하는 정책을 펴왔고, 선진국의 부동산 리츠 시장과의 격차를 줄여가고 있다. 게다가 과거 20년간 국내에서만 약 100여 배로 확장된 국내 리츠 시장의 규모는 향후 더욱 확대될 것으로 보인다.

블록체인 기술에 기반하고 부동산 DABS 거래소를 통해 디지털화된 부동산 거래는 국내에서 이제 첫걸음을 내딛는 단계에 있다. 그러나 DABS의 발행, 유통이 갖는 저비용, 고효율의 장점으로 인하여 부동산 DABS 시장은 위 국내 리츠 시장이 수십 배 확대된 것 이상으로 성장할 것이다.

5G, 인공지능, 빅데이터, 사물인터넷 등 4차 산업의 최첨단 기술이 날이 갈수록 변모, 발전하고 있고, 현대인은 다양한 상황을 쉽고 빠르게 접할 수 있다. 과거 부동산 리츠 시장이 100배 확대되는 데 걸린 20여 년의 시간은 이제 아무것도 아니다.

향후 종래의 부동산 거래는 정부 주도에 의하여 스마트 컨트랙트 방식의 거래로 대체될 것이 분명하고, 부동산 DABS 플랫폼 시장이 발전하는 속도는 블록체인 기술의 발전과 더불어 상상할 수 없을 정도로 빠르게 진행될 것이다. 위와 같이 점차적으로 확대되는 부동산 리츠 시장이 종국에는 부동산 DABS 플랫폼으로 흡수될 가능성을 배제할 수도 없는 상황이다.

더구나 코로나 사태로 인하여 오프라인 업체가 폐업의 수순을 밟게 된 반면, 온라인 유통 업체는 크게 성장하고 있다. 온라인 유통의 발달로 인하여 언젠가는 다가올 미래가 코로나 사태로 인하여 매우 빨리 당겨진 것이다. 이러한 가운데 어느 누구라도 빨리 특화하고, 변화된 시장에 적응해야만 시장에서 살아남을 수 있다.

참고문헌

- 국토교통부 2020. 6. 29. 포스트 코로나 시대 블록체인 기반 부동산 거래 플랫폼 구축 추진
- 국토교통부 2018. 12. 20. 부동산투자회사 공모·상장 활성화 방안 발표
- 국토교통부 2019. 9. 11. 공모형 부동산 간접투자 활성화 방안 발표
- 한국금융연구원 일반투자자의 시장 접근성 제고를 위한 공모·상장형 부동산 유동화 시장 활성화 방안 연구, 신용상

BITCOIN DIGITAL DECENTRALIZED PEER TO PEER
1 TROY OZ 999 FINE COPPER
NM MONETARY METALS

제6장

미국의 STO 규제 흐름

진육재

1. STO 규제의 국제적 동향

기업의 전통적인 자금조달 방법인 IPO(Initial Public Offering)의 경우, 많은 규제가 따르게 되어 소규모나 중규모의 테크기업에게는 쉽게 접근하기 어려운 방법이었다. 그러나 이들 기업들은 최근에 블록체인 기술을 기반으로 Utility 토큰을 발행하는 ICO(Initial Coin Offering)를 자금조달의 새로운 수단으로 활용하게 되었다. ICO는 누구나 어디서나 가상화폐를 발행하여 자금을 확보할 수 있다는 장점이 있는 반면에, 투자자의 입장에서는 훗날 자신의 투자자금을 회수할 있는 방법이 없으며, 사기에 의한 자금조달이나 투기 등으로부터 보호받을 수 있는 방법이 없어 그 지위가 불안해질 수밖에 없다. 결국, 투자자의 입장에서는 자신이 투자하는 토큰이 자산이나, 이익, 매출 등과 같은 유형화된 무엇인가에 연계되어 훗날 투자이익을 회수하게 되기를 원하게 되었고, 기업들도 이처럼 유형자산에 기반한 토큰을 발행하는 STO(Securities Token Offering)에 관심을 갖게 되었다.

STO에 의하여 발행된 토큰이 유가증권(Security)으로 분류될 경우, 각 나라들은 유가증권의 규제에 관한 법률에 의하여 유가증권 규제기관들이 이를 규제하게 된다. 미국에서는 기존 연방대법원 판례에 의하여 유가증권 여부를 판단하는 기준을 확립하였다.[1] 미국 증권거래위원회(The U.S. Securities and Exchange Commission: SEC)는 위 대법원 판례에

1 *SEC v. W.J.Howey Co.*, 328 U.S 293(1946)

근거하여, 이더리움의 주요 제작자들 중 일부가 만든 벤처펀드인 The DAO의 토큰 발행 시 미국 증권거래법에 따른 등록이 필요하다는 보고서를 발표한 바 있다.[2] 한편, 미국 선물거래위원회(The Commodity Futures Trading Commission: CFTC)는 기존에 가상화폐를 상품(Commodity)으로 규정[3]한 바 있는데, 위 SEC의 결정과의 모순이 논의되기도 하였다.

또, SEC는 STO 이외에 ICO에도 개입할 수 있는 근거를 제시한 바 있다. 즉, ICO를 하기 전에 투자자들에게 가상화폐를 주는 대신에 SAFT(The Simple Agreement for Future Tokens)를 일단 발행하고 차후에 가상화폐를 주는 것이 일반적인데, SEC는 가상화폐 대신 투자자에게 미리 제공한 SAFT를 유가증권의 일종으로 보고 증권거래법에 의한 규제를 받아야 한다고 판단하였다.[4]

아래에서는, 구체적으로 이와 같은 미국 내의 토큰 규제 흐름을 파악해 보도록 하겠다.

2. *SEC v. W.J.Howey Co.*, 328 U.S 293(1946)

Howey사는 플로리다에서 감귤농장을 소유한 회사이며, 같은 계열사인 Howey-in-the-Hills Service사(이하 'Howey Service사'라고 한다.)는 감

2 SEC Release No. 81270 the DAO Report(July 25, 2017)

3 A CFTC Primer on Virtual Currencies(Oct. 17, 2017)

4 https://www.sec.gov/news/press-release/2019-87

귤농장을 운영하면서 감귤을 수확하고 판매하여 수익을 올리는 회사이다. 이중 Howey사는 Lake County에 있는 감귤농장의 50%만 자신이 소유하고 나머지 50%는 매도하여 농장 운영자금을 확보하려고 하였다. 이를 위하여, Howey사는 Howey Service사와 공동으로 투자자들에게 농장의 일정 부분을 매도하는 계약과 위 농장의 서비스 계약을 동시에 제안하였다. 투자자들은 농장을 매수하더라도 서비스 계약은 다른 회사와 체결할 수 있었지만, 농장 투자자들의 85%는 Howey Service사와 서비스 계약을 체결하였다. 서비스 계약에 따르면, Howey Service사에 10년간 지상권을 부여하며, Howey Service사는 매년 수익금의 일부를 투자자들에게 지급하였다. 미국의 1933년도 증권법에서는, 토지매매와 서비스계약을 다른 주의 투자자들에게 판매하기 위하여 우편이나 기타 방법을 사용하는 것이 인정되었으며, 이를 SEC에 등록하거나 통지하도록 요구하는 규정은 따로 존재하지 않았다. 그러나 SEC는 Howey사가 다른 주의 투자자들에게 등록되지 않은 유가증권의 판매 또는 투자권유를 위하여 우편이나 기타 방법을 사용하였다고 보고 증권법 §5(a)를 위반하였다고 주장하였다.

위 증권법 §2(a)(1)에서는 유가증권(Security)을 정의하면서 투자계약(Investment Contract)을 포함하였다. 본 사안의 법적 쟁점은, 농장의 일부 매매계약과 서비스 계약이 위 §2(a)(1)에서 규정한 '투자계약'의 의미에 포함되는지 여부이다.

미 연방대법원은 증권법상 투자계약에 관한 정의가 없지만, 많은 주의 주법을 참조하여, "증권거래법의 적용을 받는 투자계약이라 함은,

제3자의 노력과 영향력에 전적으로 의존하여 이익이 발생되는 공동기업(Common Enterprise)에 자금을 투자하면서 다른 사람들의 노력에 의하여 이익을 얻을 수 있다고 기대하면서 체결하는 거래나 계약을 의미한다"고 정의하였다.

미 연방대법원은 이 사안의 거래 역시 투자계약의 구성요소를 만족시킨다고 보았다. Howey Service사는 임차료 이상의 수익금을 주기로 약정하였고, 이 수익금은 (투자자들이 아닌) Howey Service사의 농장 운영과 감귤 판매에 의하여 전적으로 결정되기 때문이다.

3. SEC에 의한 STO 규제 – The DAO Report

The DAO는 분산된 자율조직(Decentralized Autonomous Organization)의 한 예로 설립된 가상 조직으로 컴퓨터 코드로만 구현되었으며, 블록체인을 기반으로 수행되었다. The DAO는 Slock.it과 그 공동설립자들에 의하여 영리단체로서 운영될 목적으로 설립되었다. The DAO에 참여하려는 사람은 DAO 토큰을 구매하기 위하여 이더리움을 The DAO에 보내고 DAO 토큰 보유자들에게는 이 토큰을 통하여 투표권과 소유권이 부여된다. The DAO는 DAO 토큰을 투자자들에게 판매함으로써 자산을 축적할 수 있고, 그 자산은 '프로젝트'들의 자금으로 활용된다. DAO 토큰 보유자는 DAO토큰에 대한 대가로, 이 프로젝트들의 수익금을 배분받을 수 있으며, DAO 토큰을 웹 기반의 플랫폼에서 재판매함으로써 투자금을 회수할 수도 있다.

The DAO로부터 자금을 지원받을 수 있는 프로젝트가 되려면, '계약자'가 먼저 The DAO에 제안서를 제출하여야 한다. 이 제안서는 스마트 계약서로 작성되며, The DAO 웹사이트에 제안서의 상세한 내용이 올라와서 열람할 수 있게 된다. 제안서를 제출하려는 개인이나 단체는 DAO 토큰을 소유하여야 하며, 일정액의 이더리움을 기탁하여야 한다. 이 기탁금은 DAO 토큰 보유자들의 투표에서 일정 지분을 확보하지 못하면 돌려받지 못한다.

제안서는 DAO 토큰 보유자들에 의한 투표에 부쳐지기 전에, The DAO의 큐레이터들에 의한 사전 리뷰를 거치게 된다. 이 큐레이터들은 The DAO 설립 당시, Slock.it에 의하여 선정된 사람들로서, 보안 쪽의 중요한 기능을 담당하며, 프로젝트에 관한 제안서의 제출과 제출된 제안서들 중 일부를 투표에 부치는 결정, The DAO로부터 자금 지원 결정 등에 중요한 역할을 담당한다. 또, 큐레이터들의 권한 중 하나는 의결정족수를 매 2주마다 50%까지 감축시킬 수 있다는 점이다. 만약 큐레이터의 의결정족수 감축이 없다면, 52주 동안 의결정족수를 충족한 제안이 없는 경우에만 의결정족수의 50%를 감축할 수 있다.

DAO 토큰이 판매되고, The DAO가 프로젝트를 시작하기 전에, 해커들이 The DAO 코드의 약점을 발견하고, 약 1/3에 해당하는 The DAO의 자산을 해킹하여, The DAO의 이더리움 블록체인 주소에서 해커들의 이더리움 블록체인으로 옮겨 놓았다. 이와 같이 이전된 이더리움을 보호하고 이를 DAO 토큰 보유자들에게 되돌려 주기 위하여, Slock.it의 공동설립자들은 이더리움 블록체인에 대한 '하드포크'를 제안하였다. 이는 해킹이 발생하지 않았던 상태로 DAO 토큰 보유자들의 투자를 회복시켜 주는 것으로 이더리움 프로토콜에 대한 변경을 필요로 하였다. 2016년 7월 20일 하드포크가 실행되어 해커의 계정에 있던 이더리움 자산을 The DAO의 계정으로 옮겨 놓을 수 있게 되었다. 하드포크를 채택한 대다수의 DAO 토큰 보유자들은 자신의 DAO 토큰을 이더리움과 교환할 수 있게 되어[5] 자신이 투자한 이더리움의 손실은 피할 수 있게 되었다.

SEC는 이 사실에 기반해 DAO 토큰이 1933년도 증권법 및 1934년 증권거래법상의 '유가증권'이라고 판단[6]하였으며, 그 청약과 판매를 위해서는 SEC에 등록하여야 한다고 판단하였다.

증권법 §5는 등록되지 않은 유가증권에 대한 청약과 판매를 금지하고 있다. 또, 증권법 §2(a)(1)과 증권거래법 §3(a)(10)은 유가증권에 '투

5 한편, 소수의 그룹은 하드포크에 의하여 만들어진 새로운 이더리움 블록체인을 채택하는 것에 반대하였다. 이는 블록체인이 변경되지 않는다는 기본 개념에 반하는 것이라고 보았다. 대신, 그들은 기존 버전의 블록체인 사용을 계속하였는데(소프트포크), 이것은 향후 '이더리움 클래식'으로 불리게 되었다.

6 이 보고서는 The DAO가 1940년도 투자회사법의 §3(a)에 따른 투자회사에 해당되는지에 대한 판단을 유보하였다. 이는 The DAO가 프로젝트를 펀딩하는 비지니스를 시작하지 않았기 때문이다. 가상조직을 이용하려는 사람들은 투자회사법상의 의무 역시 고려할 필요가 있다.

자계약'을 포함시키고 있다.

여기서 투자계약이 반드시 현금의 투자를 의미하지는 않는다. The DAO의 투자자들은 투자금으로 이더리움을 사용하였고, 그 대가로 이더리움을 지급받았다. 이러한 투자 역시 가치에 대한 기여의 한 형태로서, *Howey* 사례에 따라 투자계약으로 볼 수 있다. DAO 토큰을 구매한 투자자들은 공동기업(Common Enterprise)에 투자하여 그 대가로 수익을 얻을 수 있다는 것을 합리적으로 기대할 수 있다. 계약자들이 제안한 프로젝트는 큐레이터의 리뷰를 거쳐 DAO 토큰 보유자들의 투표에 부쳐지고 이를 통과하게 되면 The DAO에 의한 자금지원이 이루어진다. 이 프로젝트는 각 개별계약에 따라 프로젝트에서 발생한 수익을 DAO 토큰 보유자들에게 배분하게 된다. 따라서 합리적인 투자자들은 The DAO에 자신의 이더리움을 투자하여 일정한 수익이 발생할 수 있다는 기대감을 갖게 되는 것이다. 그리고 이러한 수익은 (투자자가 아닌) 제3자의 예를 들어 Slock.it 또는 Slock.it의 공동 설립자들 그리고 The DAO의 큐레이터 등, 운영 노력에 의하여 얻게 되는 것이다. Slock.it과 그 설립자들은 The DAO를 설립하여 프로토콜을 만들고, DAO 토큰의 마케팅 활동을 하였으며, 큐레이터를 선정하는 등 The DAO 운영에서 중요한 역할을 한다. 또, The DAO를 모니터링하면서 해커들의 공격을 받았을 때 이를 해결하는 역할도 하였다. 큐레이터들은 프로젝트의 제안서들을 DAO 토큰 보유자들의 투표에 부치는 결정을 하고 그 의결정족수도 감축할 수 있는 권한을 보유하고 있는 반면에, DAO 토큰 보유자들의 투표권은 이들이 넓게 분산되어 서로 간의 소통이 제한되다 보니 형식적인 권리에 지나지 않게 되었다. 결국, The DAO 투자의 성공과 수익성을 결정하는 가장 중요한 사람들은 DAO 토큰 보유자들이 아닌 Slock.it과 그 설립자들 및 The DAO의 큐레이터들이다.

이처럼 DAO 토큰이 유가증권이기 때문에, The DAO는 유가증권의 발행인에 해당하며, The DAO에 관한 정보는 DAO 토큰 보유자들의 투자 결정에 중요한 역할을 한다. 따라서 The DAO는 DAO 토큰에 대한 청약과 판매를 하기 위해서는 증권법에 따른 등록을 하여야 한다.

또, 증권거래법 §5는 동법 §6에 따라 등록하지 않은 주간(interstate) 증권거래를 불법으로 규정하고 있다. DAO 토큰이 거래되는 플랫폼 역시 이와 같은 증권거래의 요건[7]을 충족하므로, 증권거래법상 주간(interstate) 증권거래로 등록하여야 한다.

4. CFTC의 규제

한편, 미국의 CFTC는 위와 같은 SEC의 DAO Report가 발표되기 전인 2015년 9월 17일에 비트코인이 상품(Commodities)에 해당한다는 결정을 내린 바 있다.[8] 그러나 SEC가 DAO Report에서 가상의 토

7 17CFR §240. 3b-16(a)
(1) brings together the orders for securities of multiple buyers and sellers; and
(2) uses established, non-discretionary methods (whether by providing a trading facility or by setting rules) under which such orders interact with each other, and the buyers and sellers entering such orders agree to the terms of a trade.

8 In the Matter of : Conflip, Inc., d/b/a Derivabit, and Francisco Riordan, CFTC Docket No. 15-29.

큰이 유가증권에 해당한다고 결정하자, CFTC는 2017년 10월 발행한 Primer에서 SEC의 DAO Report상 분석과 CFTC의 입장-비트코인을 비롯한 가상의 토큰들도 특별한 상황에서 상품이나 파생계약이 될 수 있을 것-사이에는 아무런 논리적 모순이 없다고 밝혔다.[9]

위 보고서에 따르면, 가상화폐가 파생계약에서 사용되거나 주간 상거래(interstate commerce)에서 사기나 시세조작 등이 있는 경우에만 CFTC의 관할권이 발동하며, Commodity Exchange Act(CEA)의 규제대상이 된다고 보았다. 즉, 사기나 시세조작 등의 사례 이외에, 마진·레버지지·파이낸싱 등을 활용하지 않는 현물시장이나 현금 거래 시장에 연관된 가상화폐에 대하여는 CFTC의 관할이 아니라고 보았다.

CFTC는 가상화폐나 토큰 관련 행위로 금지되는 행위들에 대하여 다음과 같이 주간(interstate) 상거래에서 거래되는 가상화폐의 시세조작, 가상화폐의 스왑 또는 선물 거래에서 사전합의된(Pre-arranged) 거래 또는 가장 매매(Wash Trading), CFTC에 Swap Execution Facility(SEF)나 Designated Contract Market(DCM)으로 등록하지 않고 가상화폐 선물이나 옵션 계약, 또는 스왑을 거래하는 미국 내 플랫폼 또는 기관, CFTC에 등록하지 않은 사람들과의 장외금융상품거래 등[10]을 예로 들었다.

9 A CFTC Primer on Virtual Currencies(Oct. 17, 2017)
10 Id.

5. SAFT를 통한 SEC의 ICO 규제

일반적으로 ICO를 통하여 발행된 암호화폐의 경우는 이를 유가증권으로 취급하지 않고, 증권거래법에 의한 규제를 받지 않는다. 하지만 ICO를 하기 전에, 장래에 암호화폐를 발행할 화폐발행자가 투자자들과 장래에 발행할 암호화폐를 할인하는 계약을 투자자들과 맺고 할인된 투자금과 교환하여 계약서를 교부한다. 이 계약서는 SAFT(Simple Agreement for Future Tokens)라 불리는데, 미국 SEC는 이와 같은 SAFT를 유가증권으로 보고 증권거래법의 적용을 받는다고 판단하였으며, 뉴욕연방지방법원은 SEC의 손을 들어주었다.[11]

KIK사는 2009년에 설립되어 메세징앱 사업을 시작하였었다. 그러나 사업의 성공에도 불구하고, 수익을 거두어들이지 못하자 새로운 수익사업을 모색하게 되었고 Kin이라고 불리는 가상화폐 사업을 시작하기로 하였다. KIK은 Kin으로 결제할 수 있는 디지털 생태계를 구축하고, 생태계 내의 앱 사용 지불 수단으로 Kin을 사용할 수 있게 하는 것이다. KIK사는 Kin 발행을 두 단계로 나누어 진행하기로 하였는데, 첫 번째 단계는 정식 발행 전의 Pre-sale 단계로 사모 형식으로 진행하고, 사모 기간이 끝나는 다음날 정식으로 공모하기로 하였다. Pre-sale에 참가한 사람들에게는 Kin의 정식 공모가에서 30% 할인된 가액으로 판매하기로 하는 SAFT를 맺었다. KIK은 이와 같은 Kin 발행과 관련하

11 *United States SEC v. Kik Interactive Inc.*, 492 F. Supp. 3d 169(S.D.N.Y. 2020)

여 증권거래법에 따른 등록을 하지 않고 진행하였으며, SEC는 이것이 증권거래법 §5를 위반한다고 보았다.[12]

법원은 *Howey* 테스트와 관련하여, 먼저 KIK이 Common Enterprise를 구축하였다고 보았다. KIK은 Kin 발행으로 획득한 자금을 모두 하나의 은행계좌에 넣었으며, 이들 자금을 디지털 생태계 구축을 포함한 운용자금으로 활용하였다. 만약, 이 디지털 생태계가 성공하면 Kin에 대한 수요도 증가하게 될 것이고 Kin 보유자들은 수익에 따른 배당을 받을 수는 없다 하더라도, 할증된 Kin의 가치를 획득하게 될 것이다. 또, 법원은 Howey 테스트의 세 번째 요건인 다른 사람들의 노력에 기하여 이익을 기대할 수 있다는 요건도 충족되었다고 보았다. Kin 가치의 증가는 전적으로 디지털 생태계의 성공에 좌우되는데, 이는 (투자자가 아닌) 다른 사람들의 노력에 의한 이익의 증가를 기대할 수 있는 것이다. 더욱이 Pre-sale 참가자들은 이미 30%의 인센티브를 얻고 있었다.

12 (a) Sale or delivery after sale of unregistered securities. Unless a registration statement is in effect as to a security, it shall be unlawful for any person, directly or indirectly—
(1) to make use of any means or instruments of transportation or communication in interstate commerce or of the mails to sell such security through the use or medium of any prospectus or otherwise;

6. 구체적 사안별 규제

앞서 본 바와 같이, 미국의 SEC는 토큰 발행의 경우, 토큰을 증권법이나 증권거래법상의 유가증권으로 보아 증권법이나 증권거래법에 따른 등록을 요구하고 있다. 또, 구체적 사안에 따라 각각의 규제법안이 요구하는 조건을 충족시키는 것을 요구하고 있다.

가령, Regulation CF(Crowd Funding)는 12개월 내에 $ 1.07M를 비공인 투자자(Non-accredited Investors)들로부터 모집하는 경우에 적용된다. 그러나 이 범주에서 발행된 토큰은 12개월 동안 Secondary Market에서 거래될 수 없다. Regulation D가 적용되는 경우는 STO가 공개적인 광고를 거쳐 공인 투자자들(Accredited Investors)만 투자하는 경우이다. 이 때는 모집 금액의 제한이 없으며, STO에 가장 일반적으로 적용되는 경우이다. 또 다른 경우로, Regulation A+와 Regulation S가 있으며, 자산의 형태와 모집 금액에 따라 각기 달리 적용된다.

한편, 토큰이 파생거래에 이용되거나 사기나 시세조작 등에 이용되는 경우에는 CFTC에 의한 CEA의 규제대상이 될 수도 있다.

부록

MONETARY AUTHORITY OF SINGAPORE - A GUIDE TO DIGITAL TOKEN OFFERINGS

1. PURPOSE

1.1. This paper provides general guidance on the application of the relevant laws administered by MAS in relation to offers or issues of digital tokens in Singapore.

1.2. For purposes of this guide, the securities laws refer to the Securities and Futures Act (Cap. 289) ("**SFA**") and the Financial Advisers Act (Cap. 110) ("**FAA**").

1.3. This guide will also refer to the Payment Services Act 2019 (Act 2 of 2019) ("**PS Act**").

1.4. The contents of this guide are not exhaustive, have no legal effect and do not modify or supersede any applicable laws, regulations or requirements.

2. APPLICATION OF SECURITIES LAWS ON OFFERS OR ISSUES OF DIGITAL TOKENS IN SINGAPORE

2.1. Offers or issues of digital tokens may be regulated by MAS if the digital tokens are capital markets products[1] under the SFA. Capital markets

1 Under section 2(1) of the SFA, "capital markets products" includes any securities (which

products include any securities, units in a collective investment scheme, derivatives contracts and spot foreign exchange contracts for purposes of leveraged foreign exchange trading.

Digital tokens which constitute capital markets products

2.2. MAS will examine the structure and characteristics of, including the rights attached to, a digital token in determining if the digital token is a type of capital markets products under the SFA.

2.3. For instance, a digital token may constitute –

2.3.1. a share[2], where it confers or represents ownership interest in a corporation[3], represents liability of the token holder in the corporation[4], and represents mutual covenants with other token holders in the corporation inter se[5];

2.3.2. a debenture, where it constitutes or evidences the indebtedness[6] of the issuer of the digital token in respect of any money that is or may be lent to the issuer by a token holder;

2.3.3. a unit in a business trust[7], where it confers or represents ownership

includes shares, debentures and units in a business trust), units in a collective investment scheme, derivatives contracts (which includes derivatives of shares, debentures and units in a business trust), spot foreign exchange contracts for the purposes of leveraged foreign exchange trading, and such other products as MAS may prescribe as capital markets products.

2 Under section 2(1) of the SFA, read with section 4(1) of the Companies Act (Cap. 50), "share" means "a share in the share capital of a corporation and includes stock except where a distinction between stocks and share is expressed or implied.".

3 Halsbury Laws of Singapore vol 6, (LexisNexis, 2010) at paragraph 70.343

4 Ibid.

5 Ibid.

6 Ibid., at paragraph 70.394

7 As defined under section 2(1) of the SFA, read with section 2 of the Business Trusts

interest in the trust property of a business trust;

2.3.4. a securities-based derivatives contract[8], which includes any derivatives contract of which, the underlying thing is a share, debenture or unit in a business trust; or

2.3.5. a unit[9] in a collective investment scheme[10] ("**CIS**"), where it represents a right or interest in a CIS, or an option to acquire a right or interest in a CIS.

Act (Cap. 31A). Under section 2 of the Business Trust Act, a "unit", in relation to a business trust, means "a share in the beneficial ownership in the trust property of the business trust".

8 Under section 2(1) of the SFA, "securities-based derivatives contract" includes any derivatives contracts of which the underlying thing or any of the underlying things is a security or securities index, but does not include any derivatives contract that is, or that belongs to a class of derivatives contracts that is, prescribed by regulations made under section 341 of the SFA. Please see section 2(1) of the SFA for the definition of "derivatives contract".

9 Under section 2(1) of the SFA, a "unit", in relation to a collective investment scheme, means "a right or interest (however described) in a collective investment scheme (whether or not constituted as an entity), and includes an option to acquire any such right or interest in the collective investment scheme.

10 Under section 2(1) of the SFA, a "collective investment scheme" includes an arrangement in respect of any property:

a) Under which the participants do not have day-to-day control over management of the property, whether or not the participants have the right to be consulted or to give directions in respect of such management;

b) Under which either or both of the following characteristics are present:
the property is managed as a whole by or on behalf of a manager;
the contributions of the participants, and the profits or income out of which payments are to be made to the participants, are pooled; and

c) The effect (or the purpose, purported purpose or purported effect) of the arrangement is to enable participants to participate in or receive profits, income or other payments or returns arising from acquisition, holding, management or disposal of, the exercise of, the redemption of, or the expiry of any right, interest, title or benefit in the property or any part of the property; or to receive sums paid out of such profits, income, or other payments or return.

Please also note that the characteristics described in paragraph 2.3 are not exhaustive.

Offerors of digital tokens which constitute securities, securities-based derivatives contracts or units in a CIS

2.4. Offers of digital tokens which constitute securities[11] , securities-based derivatives contracts or units in a CIS are subject to the same regulatory regime under Part XIII of the SFA, as offers of securities[12], or securities-based derivatives contracts[13] or units in a CIS[14] respectively made through traditional means.

2.5. A person may only make an offer of digital tokens which constitute securities, securities-based derivatives contracts or units in a CIS ("**Offer**"), if the Offer complies with the requirements under Part XIII of the SFA[15]. This includes the requirements that the Offer must be made in or accompanied by a prospectus that is prepared in accordance with the SFA and is registered with MAS ("**Prospectus Requirements**").

2.6. In addition, where an offer is made in relation to units in a CIS, the CIS is subject to authorisation or recognition requirements[16] ("Authorisation / Recognition Requirements"). An authorised CIS or a recognised CIS under the

11 Includes shares, debentures and units in a business trust. Please see section 2(1) of the SFA for the definition of "securities" under the SFA.

12 12 Division 1 of Part XIII of the SFA

13 Division 1 of Part XIII of the SFA

14 Division 2 of Part XIII of the SFA

15 Please see sections 240 and 296 of the SFA.

16 Please see sections 286 and 287 of the SFA. Please also refer to Part II of the Securities and Futures (Offers of Investments)(Collective Investment Schemes) Regulations 2005.

SFA must comply with investment restrictions[17] and business conduct requirements[18]. Please refer to the Securities and Futures (Offers of Investments) (Collective Investment Schemes) Regulations 2005 ("SF(OI)(CIS)R"), the Code on Collective Investment Schemes ("Code on CIS") and the Practitioner's Guide to the CIS Regime under the SFA, for details.

2.7. An Offer may nevertheless be exempt from the Prospectus Requirements and, in the case of units in a CIS, the Authorisation/ Recognition Requirements, where, amongst others –

2.7.1. the Offer is a small (personal) offer[19] that does not exceed S$5 million (or its equivalent in a foreign currency) within any 12-month period, subject to certain conditions;

2.7.2. the Offer is a private placement offer[20] made to no more than 50 persons within any 12-month period, subject to certain conditions;

2.7.3. the Offer is made to institutional investors[21] only; or

17 Please refer to Appendix 1 of the Code on CIS.

18 Please refer to the Code on CIS.

19 Please see sections 272A and 302B of the SFA. A small offer must be a personal offer that satisfies section 272A(3) and 302B(3) respectively. A personal offer is one that is made to a pre-identified person, which includes offers made to persons who have previous professional or other connection with the offeror. As the word "personal" suggests, each personal offer must be made personally by the offeror, or by a person acting on its behalf, to the pre-identified person, and may only be accepted by the pre-identified person to whom the offer was made. Please refer to the Guidelines on Personal Offers made pursuant to the Exemption for Small Offers for further details.

20 Please see sections 272B and 302C of the SFA.

21 Please see sections 274 and 304 of the SFA. Please refer to section 4A(1)(c) of the SFA for the definition of "institutional investor".

2.7.4. the Offer is made to accredited investors[22], subject to certain conditions.

The exemptions for a small (personal) offer, a private placement offer and an offer made to accredited investors, are respectively subject to certain conditions which includes advertising restrictions[23].

Intermediaries[24] who facilitate offers or issues of digital tokens

2.8. MAS has observed that one or more of the following types of intermediaries typically facilitate offers or issues of digital tokens:

2.8.1. a person who operates a platform on which one or more offerors of digital tokens may make primary offers or issues of digital tokens ("**primary platform**");

2.8.2. a person who provides financial advice in respect of any digital tokens;

2.8.3. a person who operates a platform at which digital tokens are traded ("**trading platform**").

2.9. A person who operates a primary platform in Singapore in relation

22 Please see sections 275 and 305 of and the Sixth Schedule to the SFA. Please refer to section 4A(1)(a) of the SFA for the definition of "accredited investor" and regulation 2 of the Securities and Futures (Prescribed Specific Classes of Investors) Regulations 2005.

23 Please refer to section 272A(10) and 302B(10) of the SFA for the definition of "advertisement". For more information on the advertising restrictions with respect to offers of shares and debentures, please refer to the Guidelines on the Advertising Restrictions in Sections 272A, 272B and 275 (Guideline No. SFA13-G15).

24 A corporation that wishes to apply for a capital markets services licence may refer to the Guidelines on Criteria for the Grant of a Capital Markets Services Licence (Guideline No. SFA 04-G01) and the Guidelines on Licence Applications, Representative Notification and Payment of Fees (Guideline No. CMG-G01).

to digital tokens which constitute any type of capital markets products, may be carrying on business in one or more regulated activities[25] under the SFA. Where the person is carrying on business in any regulated activity, or holds himself out as carrying on such business, he must hold a capital markets services licence for that regulated activity under the SFA, unless otherwise exempted[26].

2.10. A person who provides any financial advice[27] in Singapore in respect of any digital token that is an investment product[28], must be authorised to do so in respect of that type of financial advisory service by a financial adviser's licence, or be an exempt financial adviser[29], under the FAA[30].

2.11. A person who establishes or operates a trading platform in Singapore in relation to digital tokens which constitute securities, derivatives contracts or units in a CIS, may be establishing or operating an organised market[31] . A person who establishes or operates an organised market, or hold himself out

---

25 Please see the Second Schedule to the SFA for the types of activities regulated as "regulated activities" under the SFA.

26 Please section 82 of the SFA.

27 Please see section 6, read with the definition of "financial adviser" under section 2(1), of the FAA. Please note that a financial adviser does not include any person specified in the First Schedule to the FAA.

28 Under section 2(1) of the FAA, an "investment product" means (a) any capital markets products as defined in section 2(1) of the SFA; (b) any spot foreign exchange contracts other than for the purposes of leveraged foreign exchange trading; (c) any life policy; or (d) any other product as may be prescribed.

29 Please see section 6 of FAA.

30 A corporation that wishes to apply for a FA licence may refer to the Guidelines on Criteria for the Grant of a Financial Adviser's Licence (Guideline No. FAA-G01) and the Guidelines on Licence Applications, Representative Notification and Payment of Fees (Guideline No. CMG-G01).

31 Please refer to Part I of the First Schedule to the SFA for the definition of an "organised market".

as operating a market, must be approved by MAS as an approved exchange or recognised by MAS as a recognised market operator under the SFA[32], unless otherwise exempted.

Extra-territoriality of the SFA and the FAA

2.12 Where a person operates a primary platform, or trading platform, partly in or partly outside of Singapore, or outside of Singapore, the requirements of the SFA may nevertheless apply extra-territorially to the activities of that person under section 339 of the SFA[33]. Please refer to the Guidelines on the Application of Section 339 (Extra- Territoriality) of the SFA (Guidelines No. SFA15-G01), for details.

2.13 Where a person who is based overseas, engages in any activity or conduct that is intended to or likely to induce the public, or a section of the public, in Singapore to use any financial advisory service provided by the person, the person is deemed to be acting as a financial adviser in Singapore[34].

3. APPLICATION OF ANTI-MONEY LAUNDERING AND COUNTER FINANCING OF TERRORISM LAWS

3.1. MAS emphasises that the relevant MAS Notice on Prevention of Money Laundering and Countering the Financing of Terrorism ("AML/CFT

32 A person operating a platform facilitating secondary trading of tokens which constitute securities may refer to the Guidelines on the Regulation of Markets (Guideline No. SFA02-G01) for guidance on whether it should apply to be an approved exchange or a recognised market operator under the SFA.

33 Please refer to the Guidelines on the Application of Section 339 (Extra-Territoriality) of the SFA (Guideline No. SFA15-G01)

34 Please see section 6(2) of the FAA.

requirements") will apply if the person is deemed to be an intermediary conducting one or more of the regulated activities identified in paragraphs 2.8 – 2.11 and is a:

3.1.1. holder of a capital markets services licence under the SFA;

3.1.2. fund management company[35] registered under paragraph 5(1)(i) of the Second Schedule to the Securities and Futures (Licensing and Conduct of Business) Regulations (Rg. 10) ("SF(LCB)R");

3.1.3. person exempted under paragraph(s) 3(1)(d), 3A(1)(d) and/or 7(1)(b) of the Second Schedule to the SF(LCB)R from the requirement to hold a capital markets services licence;

3.1.4. licensed financial adviser under the FAA36;

3.1.5. registered insurance broker which is exempt under section 23(1)(c) of the FAA from holding a financial adviser's licence to act as a financial adviser in Singapore in respect of any financial advisory service[36]; or

3.1.6. person exempt under section 23(1)(f) of the FAA read with regulation 27(1)(d) of the Financial Advisers Regulations (Rg. 2) from holding a financial adviser's licence to act as a financial adviser in Singapore in respect of any financial advisory service36.

3.2. Applicable AML/CFT requirements on such persons broadly include the following:

3.2.1. take appropriate steps to identify, assess and understand their money laundering and terrorism financing (ML/TF) risks;

---

35 Please note that the SFA was amended on 8 October 2018 and the definition of "fund management" in the Second Schedule to the SFA has been expanded to include management of CIS.

36 Please refer to the Notice to Financial Advisers on Prevention of Money Laundering and Countering the Financing of Terrorisim (MAS Notice FAA-N06) for the scope of persons covered and the applicable AML/CFT requirements.

3.2.2. develop and implement policies, procedures and controls – including those in relation to the conduct of customer due diligence and transaction monitoring, screening, reporting suspicious transactions and record keeping – in accordance with the relevant MAS Notices, to enable them to effectively manage and mitigate the risks that have been identified;

3.2.3. perform enhanced measures where higher ML/TF risks are identified, to effectively manage and mitigate those higher risks; and

3.2.4. monitor the implementation of those policies, procedures and controls, and enhance them if necessary;

3.3. Digital tokens that perform functions which may not be within MAS' regulatory purview may nonetheless be subject to other legislation for combating ML/TF. MAS would like to highlight in particular the following which all persons would have to abide by:

3.3.1. Obligations to report suspicious transactions with the Suspicious Transaction Reporting Office, Commercial Affairs Department of the Singapore Police Force pursuant to section 39 of the Corruption, Drug Trafficking and Other Serious Crimes (Confiscation of Benefits) Act (Cap. 65A) ("**CDSA**"); and

3.3.2. Prohibitions from dealing with or providing financial services to designated individuals and entities pursuant to the Terrorism (Suppression of Financing) Act (Cap. 325) ("**TSOFA**") and various regulations giving effect to United Nations Security Council Resolutions ("**UN Regulations**").

3.4. The Payment Services Act ("**PS Act**") came into effect on 28 January 2020. A person carrying on a business of providing any service of dealing in digital payment tokens or any service of facilitating the exchange of digital payment tokens must be licensed and will be regulated under the PS Act for AML/CFT purposes only and will be required to put in place policies, procedures and controls to address its ML/TF risks. For more information relating to the PS Act, you may refer to our website here.

4. ILLUSTRATIONS OF APPLICATION OF THE RELEVANT LAWS TO OFFERS OR ISSUES OF DIGITAL TOKENS

4.1 The case studies below illustrate how the relevant laws administered by MAS may apply. MAS emphasises that these case studies are for the purpose of illustration only. They are not indicative or conclusive of how the relevant laws will apply to a particular case involving an offer or issue of digital tokens. The illustrations in the case studies are also not exhaustive and deliberately avoid labelling using terms like "utility token" or "stablecoin".

4.2. If you wish to offer digital tokens in Singapore or operate a platform involving digital tokens in Singapore, you are encouraged to seek professional advice from qualified legal practitioners to ensure that your proposed activities are in compliance with all applicable laws, rules and regulations in Singapore. When applying the law to your case, you and your legal advisers should look beyond labels and examine the features and characteristics of each token.

Case study 1

Company A plans to set up a platform to enable sharing and rental of computing power amongst the users of the platform. Company A intends to offer digital tokens ("**Token A**") in Singapore to raise funds to develop the platform. Token A will give token holders access rights to use Company A's platform. The token can only be used to pay for renting computing power provided by other platform users. Token A will not have any other rights or functions attached to it and is not or is not intended to be, a medium of exchange accepted by the public, or a section of the public, as payment for goods or services or for the discharge of a debt. Company A intends to offer Token A to any person globally, including in Singapore.

Application of relevant laws administered by MAS in relation to an offer of Token A

- A holder of Token A will only have rights to access and use Company A's platform, and the right to use Token A to pay for rental of computing power provided by other users. Token A will not provide its holder any other rights or functions attached to it. Hence, Token A will not constitute capital markets products under the SFA.
- Company A's offer of Token A will not be subject to any requirement under the SFA or the FAA. However, Company A must abide by all Singapore laws, including the CDSA, the TSOFA and the UN Regulations, in the conduct of its business.
- Token A is not considered a digital payment token under the PS Act as it is not or is not intended to be, a medium of exchange accepted by the public, or a section of the public, as payment for goods or services or for the discharge of a debt.

Case study 2

Company B is in the business of developing properties and operating commercial buildings. It plans to raise funds to develop a shopping mall by offering digital tokens ("**Token B**") to any person globally, including in Singapore. Token B will be structured to represent a share in Company B, and will be a digital representation of a token holder's ownership in Company B. Company B also intends to provide financial advice in relation to its offer of Token B.

Application of relevant laws administered by MAS in relation to an offer of Token B

- Token B will be a share and constitute securities under the SFA.
- The offer of Token B will need to comply with Prospectus Requirements, unless the offer is otherwise exempted under the SFA.
- Holders of a capital markets services licence that carry on business in dealing in tokens that are securities are required to comply with AML/CFT requirements under MAS Notice SFA04-N02.
- Company B will not require a capital markets services licence for dealing in capital markets products that are securities under the SFA if (a) it is not in the business of dealing in capital markets products that are securities or (b) it is in the business of dealing in capital markets products that are securities, but an applicable exemption applies. For example, if it is carrying on business in dealing in capital markets products that are securities for his own account through certain financial institutions regulated by MAS[37], such as a holder of capital markets services licence to deal in capital markets products that are securities.
- To provide financial advice in relation to its offer of Token B, Company B will need to be a licensed financial adviser, unless otherwise exempted[38].

Licensed financial advisers are required to comply with AML/CFT require-

37 Please refer to paragraph 2(1)(a) of the Second Schedule to the Securities and Futures (Licensing and Conduct of Business) Regulations (Rg 10).

38 If Company B holds a capital markets services licence for dealing in capital markets products under the SFA, Company B is exempt from holding a financial adviser's licence to act as a financial adviser in Singapore in respect of any financial advisory service. Instead, Company B will be subject to certain reporting requirements, including the requirement under regulation 37(1) of the Financial Advisers Regulations (Rg2) to lodge a notification to MAS that it is commencing business in a financial advisory service under the FAA.

ments under MAS Notice FAA-N06.

Case study 3

Company C intends to offer digital tokens ("**Token C**") to any person globally, including in Singapore. Company C will pool funds raised from the offer of Token C and use the funds to invest in shares in FinTech start-up companies as well as in mining equipment or real estate for purpose of diversification ("**Portfolio**"). Company C will also manage the Portfolio. Holders of Token C will not have any powers relating to the day-to-day operations of Company C or the management of the Portfolio. Profits arising from the Portfolio will be pooled and distributed as payments to the token holders. The purpose of this arrangement is to enable token holders to receive profits arising from the Portfolio.

Application of relevant laws administered by MAS in relation to an offer of Token C

- The arrangement established by Company C in relation to Token C will be a CIS ("**Arrangement**").
- On this basis, the Arrangement will have to be authorised under section 286 of the SFA, or recognised under section 287 of the SFA depending on whether the arrangement is constituted in Singapore or outside Singapore, unless otherwise exempted under the SFA. The Arrangement will also be subject to the applicable requirements under Division 2 of Part XIII of the SFA, the SF(OI)(CIS)R and the Code on CIS, unless otherwise exempted under the SFA.
- On this basis, Token C will be a unit in a CIS under the SFA.
- Company C will likely require a capital markets services licence for carrying on business in the regulated activity of fund management under the SFA,

unless otherwise exempted.

- Holders of a capital markets services licence are required to comply with AML/CFT requirements under MAS Notice SFA04-N02.
- As no financial advisory service will be provided by Company C in respect of Token C, the FAA will not apply in relation to the offer of Token C.

Case study 4

from the offer and use the funds to invest in a portfolio of shares in FinTech start-up companies. Company D will manage the portfolio of shares. Holders of Token D will not have any powers relating to the day-to-day operations of Company D or the management of the portfolio of shares. Profits arising from the portfolio of shares will also be pooled and distributed as payments to holders of Token D. The purpose of this arrangement is to enable token holders to receive profits arising from the portfolio of shares.

Application of relevant laws administered by MAS in relation to an offer of Token D

- As the offer of Token D will only be made to persons based overseas (i.e. Token D will not be offered to any person in Singapore), Part XIII of the SFA will not apply to the offer.
- Company D may nevertheless be carrying on the business of fund management in Singapore for example, if it operates the management of the portfolio of shares in Singapore. If so, Company D will require a capital markets services licence for carrying on business in fund management, unless otherwise exempted.
- Holders of a capital markets services licence are required to comply with AML/CFT requirements under MAS Notice SFA04-N02.
- As no financial advisory service will be provided by Company D in respect

of Token D, the FAA will not apply in relation to the offer of Token D.

Case study 5

Company E plans to set up a platform that helps start-ups raise funds from investors through digital token offerings ("**Offerings**"). To facilitate the Offerings, Company E will set up one entity ("**Entity**") which will be used as a vehicle to make investments into a start-up, for every start-up that will make Offerings. Investors who wish to invest into a start-up will provide a loan to the respective Entity ("**Loan**"). In return, the Entity will issue to the investors, digital tokens that are unique to the start-up ("**Token E**"). Token E will be offered to any person globally, including in Singapore. Token E will represent the rights of an investor as a creditor of the Loan provided to the Entity. Company E's platform will also operate as a market to facilitate secondary trading of Token E among investors using Company E's platform. In addition, Company E intends to provide financial advice to investors on the Offerings.

Application of relevant laws administered by MAS in relation to an offer of Token E

- Token E will be a debenture, and constitute securities under the SFA.
- An Entity will need to comply with Prospectus Requirements in respect of an Offering, unless otherwise exempted under the SFA.
- Company E, in facilitating the purchase or sale of Token E on its platform, may require a capital markets services licence for dealing in capital markets products that are securities under the SFA, unless otherwise exempted.
- Depending on the business activities that an Entity undertakes on Company E's platform, the Entity may require a capital markets services licence for dealing in capital markets products that are securities under the SFA, unless

otherwise exempted.

- Holders of a capital markets services licence are required to comply with AML/CFT requirements under MAS Notice SFA04-N02.
- To provide financial advice to investors in relation to an offer of Token E by an Entity, Company E must be a licensed financial adviser unless otherwise exempted[39].
- Licensed financial advisors are required to comply with AML/CFT requirements under MAS Notice FAA-N06.
- Company E is likely be operating an organised market in relation to the secondary trading of Token E. On this basis, Company E will have to be approved by MAS as an approved exchange or recognised by MAS as a recognised market operator under the SFA, unless otherwise exempted.

Case study 6

Company F is planning to set up a digital payment token exchange platform that allows users to exchange digital payment tokens (such as Bitcoin) that do not constitute securities, derivatives contracts or units in CIS, to fiat currencies. In its initial years of operation, the platform will be configured such that trading of digital tokens constituting securities, derivatives contracts or units in CIS will not be allowed. This restriction may be lifted after a few years.

Application of relevant laws administered by MAS in relation to Company F's digital payment token exchange

39 If Company E holds a capital markets services licence for dealing in capital markets products under the SFA, Company E is exempt from holding a financial adviser's licence to act as a financial adviser in Singapore in respect of any financial advisory service. Instead, Company E will be subject to certain reporting requirements, including the requirement under regulation 37(1) of the Financial Advisers Regulations (Rg2) to lodge a notification to MAS that it is commencing business in a financial advisory service under the FAA.

- On the basis that Company F's digital payment token exchange will not allow trading of any products regulated under the SFA, the SFA will not apply.
- Company F should re-assess its position should it intend to trade in any digital tokens that constitute securities, derivatives contracts or units in CIS under the SFA. For instance, upon lifting the abovementioned restriction, Company F will likely be operating an organised market in relation to the trading of digital tokens that constitute securities, derivatives contracts or units in CIS. On this basis, Company F will then need to be approved by MAS as an approved exchange or recognised by MAS as a recognised market operator under the SFA, unless otherwise exempted.
- The activity of establising or operating a digital payment token exchange is regulated by MAS under the PS Act. Entities licensed under the PS Act to perform such activities are required to comply with AML/CFT requirements, including those relating to identification and verification of customer, ongoing monitoring, screening for ML/TF concerns, suspicious transaction reporting, record keeping, and ongoing business conduct, regulatory reporting and technology risk management requirements. Company F must also abide by all Singapore laws, including the CDSA, the TSOFA and the UN Regulations, in the conduct of its business.

Case study 7

Company G is incorporated and has its principal place of business in the United States of America. Company G intends to offer digital tokens ("**Token G**") to any person globally, including in Singapore. Token G is governed by a Simple Agreement for Future Tokens ("**SAFT**") and is an "investment contract" (and therefore constitute securities) under US laws (or the "Howey Test"[40]). Token G will be tradeable in the secondary market on an over-the-counter basis or on third party cryptocurrency exchanges.

Application of relevant laws administered by MAS in relation to an offer of Token G

- The ability for a digital token to be traded on the secondary market alone does not result in a digital token being construed as capital markets products under the SFA.
- The treatment of a token under the Howey Test is not a consideration for deciding whether a token is a product regulated under the SFA.
- Company G must separately assess whether its offer of Token G in Singapore would comply with the securities laws administered by MAS despite its assessment of Token G under US laws.
- Token G may be considered a digital payment token under the PS Act if it is, or is intended to be, a medium of exchange accepted by the public, or a section of the public, as payment for goods or services or for the discharge of a debt.
- If Token G is a digital payment token, then Company G may be carrying on a business of providing the service of dealing in digital payment tokens.
- Company G should consider whether its services are regulated under the PS Act, and if so, to apply for the relevant licence under the PS Act.

Case study 8

Company H plans to build a decentralised platform to collect user data on consumer spending on various e-commerce websites. This forms an ecosystem where retailers rely on consumer behaviour data to execute targeted ad-

40 Securities and Exchange Commission v W. J. Howey Co. 328 U.S. 293 (1946)

vertisements. To fund the development of the platform, Company H intends to raise funds from investors through an offering of digital tokens ("**Token H**"). Token H only gives rights to investors to vote on features of the platform. There are no other rights attached to Token H. Company H will also distribute Token H as rewards to investors for participating in surveys on consumer spending. The amount of Token H to be rewarded to an investor is based only on his or her usage and activity on the Platform, and not through further investment in the platform.

Application of relevant laws administered by MAS in relation to an offer of Token H

- Token H is not a share as it does not represent any legal or beneficial title in the shares of any company. As the rewards are distributed in proportionate to investor's usage and activity on the platform, it does not represent a right to claim dividends or return on capital.
- Token H is not a debenture as it does not create or acknowledge debt on the part of Company H.
- Token H is not a unit in a CIS as there is no management of property by a manager ("**Scheme Property**"), and investors are rewarded based on their participation on the platform with new Token H and not profits, income or other payments or returns relating to Scheme Property. Token H also does not involve pooling of contributions, or income or profits from which payments are to be made to the investors.
- As Token H does not constitute capital markets products under the SFA or an investment product under the FAA, the requirements under the SFA or the FAA will not apply to Company H's offer of or dealings in Token H.
- That said, Company H must abide by all Singapore laws, including the CDSA, the TSOFA and the UN Regulations, in the conduct of its business.

Company H may also wish to seek legal advice on the applicability of the Personal Data Protection Act 2012 (Act 26 of 2012) on its business model.

Case study 9

Company I provides advisory services on the entire digital token offering process from pre-offering to post-offering. These services include reviewing whitepapers and suitability of concept and goals, introducing lawyers and developers, advising on token security protocol and post-offering delivery of tokens. Company I's clients ("**Clients**") are companies that raise funds by offering digital tokens ("**Token I**") to support the development of the products and services that the Clients intend to offer. Company I has strict client selection criteria, and will only offer their services to Clients who issue Token I that can only be used in exchange for the products or services offered by the Clients without entitling the holder of Token I to receive payments of any kind from any person. Apart from redeeming the Client's products and services, there are no other functions or rights attached to the Token I. Company I does not provide legal advice on the application of Singapore laws to the digital token offerings. In addition, Company I does not advise on the risks or suitability of the digital token offerings to investors or make any recommendations on which digital token offerings to invest. The services that Company I provide to investors of the digital tokens are operational in nature, such as conducting training and seminars on how to participate in the offerings, creation and encryption of wallets, token transfers etc.

Application of relevant laws administered by MAS in relation to digital token offering advisory services

- Token I is unlikely to constitute capital markets products under the SFA, as it can only be used to redeem the Clients' products or services.

- Company I is unlikely to be conducting the regulated activity of advising on corporate finance as its advisory services do not relate to the raising of funds involving securities, units in a CIS or specified securities-based derivatives contracts.
- As Company I is not providing financial advice to the Clients or the investors of digital token offerings, the FAA will not apply.
- That said, Company I must abide by all Singapore laws, including the CDSA, the TSOFA and the UN Regulations, in the conduct of its business.
- Token I may be considered a digital payment token under the PS Act if it is, or is intended to be, a medium of exchange accepted by the public, or a section of the public, as payment for goods or services or for the discharge of a debt.
- If Token I is a digital payment token, then Company I may be carrying on a business of providing the service of dealing in digital payment tokens.
- Company I should consider whether its services are regulated under the PS Act, and if so, to apply for the relevant licence under the PS Act.

Case study 10

Company J plans to set up a platform that allows investors to invest in physical diamonds through the tokenisation of physical diamonds. Company J intends to offer digital tokens ("**Token J**") in Singapore to raise funds to develop the platform. Token J will give holders the right to use the platform and to sell their Tokens J back to Company J at any time. Token J does not represent a right to physical diamonds or any other functions or rights other than the use of the platform. All unsold Tokens J will be destroyed.

Application of relevant laws administered by MAS in relation to an offer of Token J

- As Company J is under an obligation to buy-back Token J from the holders, Token J may constitute a debenture if Token J represents Company J's indebtedness to the holder to pay back the holder a certain amount.
- Depending on the business activities of Company J and whether Token J is a debenture, Company J may require a capital markets services licence for dealing in capital markets products that are securities under the SFA, unless otherwise exempted.
- Holders of a capital markets services license are required to comply with AML/CFT requirements under MAS Notice SFA04-N02.
- As no financial advisory service will be provided by Company J in respect of Token J, the FAA will not apply in relation to the offer of Token J.

Case study 11

Company K intends to offer digital tokens ("**Token K**") to any person globally, including in Singapore, for US$1 per Token K. Company K aims to achieve a relatively constant price for Token K by pegging its value to the US dollar. To do so, Company K will only accept payments for Tokens K in the form of electronic deposits of US dollars into its US-dollar denominated bank account. These deposits will serve as a fiat currency reserve to back the purported US$1 value of each Token K in circulation. Holders of Tokens K will have the right to exchange Tokens K with Company K for US$1 per Token K. Company K will not have any rights to cancel or redeem Token K from token holders. Company K may consider future tie-ups with retail shops to enable Token K to be used to pay for purchases.

Application of relevant laws administered by MAS in relation to an offer of Token K

- As Company K is under an obligation to the buy-back of Token K from the holders, Token K may constitute a debenture if Token K represents Company K's indebtedness to the holder to pay back the holder US$1 per Token K. However, if Token K falls within the definition of "e-money" under the PS Act, MAS' general regulatory stance is to not regulate Token K as a debenture.

- Token K may be considered "e-money" under the PS Act. Company K should consider if Token K also meets the other elements of "e-money" as defined in the PS Act, and whether it is carrying on a business of providing "e-money issuance service" as defined in the PS Act. If Company K is carrying on a business providing e-money issuance services, it must be licensed under the PS Act, unless the person is exempted from holding such a licence to provide the specific payment service in question.

5. APPLICATION OF SANDBOX CRITERIA ON DIGITAL TOKENS THAT ARE REGULATED BY MAS

Any firm that is applying technology in an innovative way to provide financial services that are regulated by MAS can apply for the regulatory sandbox. MAS expects that interested firms would have done their due diligence, such as testing the proposed financial service in a laboratory environment and knowing the legal and regulatory requirements for deploying the proposed financial service, prior to submitting an application. Please refer to the evaluation criteria outlined in the "FinTech Regulatory Sandbox Guidelines".

If an application is approved, MAS will provide the appropriate regulatory support by relaxing specific legal and regulatory requirements prescribed by MAS, which the applicant would otherwise be subject to, for the duration of the sandbox.

6. DIGITAL TOKEN OFFERINGS ENQUIRIES

You should read this Guide carefully to assess if you are required to comply with the relevant laws administered by MAS. You should also answer all the Critical Questions in Appendix 1, which will help you determine if it is necessary to write to us. MAS will only review legal opinions and engage digital token offering issuers where the structure of the proposed digital token, or the proposed business model is not similar to that described in the case studies in this Guide. Going through all the case studies and answering all the Critical Questions will guide you in considering whether there is a need to contact the MAS.

If it is still necessary to write to us after going through the Guide and the Critical Questions, you may submit an application to us enclosing all the information stated in the Checklist in Appendix 2. MAS reserves the right to ask for more information as may be necessary for us to consider whether the digital token offerings are subject to MAS' regulations. MAS wishes to clarify that we do not have a digital token offerings registration or approval regime. Our reply is not an endorsement of your proposed digital token, offering or business model. Our reply also does not preclude us from taking any enforcement action against you for a contravention of any provision in any

legislation administered by us. This includes situations where there are omissions in or changes to the facts represented in your correspondence with us.

Appendix 1 – CRITICAL QUESTIONS (YES/NO)

- Have I sought independent legal advice from a Singapore-qualified lawyer who is familiar with MAS-administered laws?
  (If 'No', please consider doing so before proceeding further.)

- Is the structure of my proposed digital token or my proposed business model similar to that described in the case studies?
  (If 'Yes', no need to approach MAS.)

- Do the rights and entitlements attached to the digital tokens in this case contain characteristics and features of "capital markets products" under section 2(1) of Securities and Futures Act (Cap. 289) or "investment product" under section 2(1) of the Financial Advisers Act (Cap. 110)?
  (If 'No', no need to approach MAS.)

- Are my activities subject to the regulatory requirements in Singapore pursuant to the extra-territorial legislation in paragraphs 2.12 and 2.13 of the Guide?
  (If 'No', no need to approach MAS.)

Appendix 2 – CHECKLIST

Please provide all the information below to MAS for the digital token offering enquiry.

Case identification

☐ Project name and token name

☐ Issuer's name, legal form, country of constitution, unique entity/identification number, address and website

☐ Issuer's contact(s), including names, emails, telephone numbers

Offering details

☐ Target start and end dates of offering

☐ Target offering size, if any (optional)

☐ Whether the offering will be accessible by any person in Singapore (Yes/No), and if 'No', reasons explaining how such access will be effectively blocked

☐ Nature and scope of project to be funded by offering

☐ Whether the token represents any value, function, rights or benefits (Yes/No respectively), and if 'Yes' to any of these, a detailed description of each

☐ Whether fiat currency will be used to purchase the token (Yes/No), and if 'Yes', names of the fiat currency(ies)

Documents

☐ Terms and conditions of offering that will be executed and be legally binding on issuer and token holders

☐ Whitepaper

☐ Other relevant information e.g., screenshots of websites or social media showing information to be disseminated for the purpose of the offering

☐ Legal opinion from a Singapore-qualified lawyer applying all relevant laws administered by MAS to the facts of the offering and of the issuer's business. The opinion should cross-reference or cite specific clauses in accompanying supporting documents which are relevant.

☐ Brief description of AML/CFT policies (if any)

Specific issues for MAS to address

☐ Specific actions sought from MAS, i.e., clarification on applicability of specific aspects of the law, application for licences, request for exemptions or waivers

저자소개

김성호

저자 김성호 박사는 1999년 KAIST에서 박사 학위를 취득한 후, KISTI에서 슈퍼컴퓨터 개발 센터장을 역임하는 등 줄곧 슈퍼컴퓨터, 클라우드 컴퓨팅 등 고성능 컴퓨터 분야에서 20년 이상 활동하였으며, 여러 차례의 창업경험을 보유하고 있다. 2019년 블록체인 기술 전문 기업을 설립하여 블록체인 기술의 실용적 적용을 위하여 노력해 왔으며, (주)로데이터의 기술 고문으로서 블록체인과 금융 그리고 규제 해소 방안에 대해 협력을 지속하고 있다.

백창원

저자 백창원은 법무법인(유한) 바른의 구성원 변호사이다. 2007년 판사로 임관된 이래 서울중앙지방법원 판사를 역임한 후 현재 대형 로펌의 변호사로 활동하고 있다. 건설 소송 및 부동산 금융 자문업무를 주로 수행하고 있고, 법률신문 판례해설위원, 서울중앙지방법원 정보공개심의회 위원, 한국부동산원 고문변호사로 활동 중이다. 최근에 부동산 사모펀드 법률 분야에 관심을 가지고 펀드매니저 자격을 취득한 후 아하에셋자산운용사를 설립한 바도 있다.

저자는 부동산금융과 블록체인 기술이 접목된 DABS 플랫폼 시장의 성장 가능성에 주목하여 이쪽 다수의 전문가들로 구성된 (주)로데이터와 협업하여 본 저서에 참여하게 되었다.

서권식

저자 서권식은 서울지방변호사회 소속 변호사다. 삼성전자(1999-2000) 사내변호사와 대륙아주 기업팀(2000-2019) 파트너를 역임하고 현재는 개인 사무소를 운영하면서 (주)로데이터의 자문 변호사를 겸하고 있다. 삼성전자에서는 미국 상장 프로젝트 업무를 수행하였고, 대륙아주에서는 대우건설/대우인터내셔날 매각 자문, 현대해상 인수 자문 및 송도 부동산개발 자문 업무 등을 수행하였다.

(주)로데이터는 법률, 금융, 부동산, 블록체인 등 각 분야 전문가들이 네트워크를 형성하여 프로젝트별로 협업을 할 수 있게 도와주는 플랫폼 성격의 회사다. 저자 서권식은 (주)로데이터를 여러 전문가와 같이 창업한 이후 유연한 전문가 협업체계를 구축하는 데 주력하고 있다. 본 저서도 이런 협업의 일환이다.

윤보현

저자 윤보현은 (주)로데이터의 상임고문이다. 한국자산신탁(1996-2006)에서 기획, 법무, 사업팀장 등을 거치면서 부동산신탁과 개발사업 실무를 다양하게 경험하였고, 코람코자산신탁/자산운용(2006~2020)에서 신탁사업팀장, 준법감시인, 경영관리팀장(COO), 개발사업팀장을 역임하며 리츠, 부동산펀드를 경험하였다.

국내 최초의 부동산신탁회사, 리츠회사를 거치면서 한국 부동산 산업의 발전 과정을 현장에서 경험할 수 있었음을 행운으로 생각하고, (주)로데이터 상임고문으로 금융, 법률, 블록체인 등 각 분야 전문가들의 새로운 발상과 부동산 금융시장을 향한 도발을 함께 할 수 있음을 감사하고 있다.

윤성호

저자 윤성호는 서울대학교 기계항공우주공학부를 졸업한 후 약 4년간 C, Java 프로그래머로 근무하였다. IT 회사를 퇴사한 후 사법시험을 준비하였고, 사법연수원 수료(제39기) 후 국내 대륙아주 등 로펌 기업팀, IP팀에서 근무하였다. 현재 주식회사 (주)로데이터 자문 변호사 및 세종사이버대학교 부동산학과 교수를 겸임 중이다. 소프트웨어, IT, 특허, 상표 등 지적재산권(IP) 뿐만 아니라 기업자문, 부동산 관련 자문/소송을 다수 수행하였다. 2017년에는 SBA(서울산업진흥원)가 주최하는 '서울 해커톤 사물인터넷 IOT 대회'에 프로그래머 자격으로 참가하여 대회 최종 우승까지 한 경력이 있다.

정관영

저자 정관영은 변호사이자 리걸 테크(Legal Tech) 기업 (주)로데이터의 대표다. 사법연수원 수료 후 국내 로펌에 근무하면서 사이버 포렌식과 클라우드 컴퓨팅을 중점으로 한 IT 법무를 주로 담당하였고, 현재 개인정보보호위원회 고문변호사로 활동 중이다. 개인정보 대량 판매 사건의 피해자들을 대리하여 집단소송을 제기해 승소를 이끌어내는 등 IT 관련 소송을 다수 수행하였다.

'데이터가 지배하는 법(Data-Driven Law)'을 공역했고, 논문으로는 "법조(法曹)영역으로의 인공지능 도입에 대한 제언", "인공지능의 개인정보 자동화 처리가 야기하는 차별 문제에 관한 연구" 등이 있다.

진욱재

저자 진욱재는 사법연수원을 28기로 수료한 후, 삼성전자·삼성네트웍스·삼성 SDS 등 삼성그룹의 사내 변호사를 역임하면서, 회사법·M&A·공정거래법·정보통신관련법 및 지적재산법 관련 업무를 다루어왔다. 이후, 미국 뉴욕주 변호사 자격증을 취득하고, 뉴욕 맨하튼의 BakerBotts에서 미국 특허소송 및 부정경쟁방지에 관한 소송 업무를 하였다. 현재는 법무법인 동인에서 파트너로 근무하며, 한국상용소프트웨어협회 법률자문 위원 및 한국예금보험공사의 파산재단 소송대리인, 한국지역난방공사 계약심의 외부의원, 대한상사중재원의 중재인 등으로 활동하고 있다.

BITCOIN DIGITAL DECENTRALIZED PEER TO PEER